如何规避投资五大陷阱

彻底搞懂投资 第2版

彼得·马洛克(Peter Mallouk) ◎ 著

中国人民银行营业管理部青年翻译组 ◎ 译

THE 5 MISTAKES EVERY INVESTOR MAKES
AND HOW TO AVOID THEM :
Getting Investing Right

WILEY　中国金融出版社

责任编辑：王雪珂
责任校对：潘　洁
责任印制：丁淮宾

图书在版编目（CIP）数据

如何规避投资五大陷阱：彻底搞懂投资 /（美）彼得·马洛克（Peter Mallouk）著；中国人民银行营业管理部青年翻译组译. —北京：中国金融出版社，2023.8

ISBN 978 – 7 – 5220 – 1902 – 4

Ⅰ.①如… Ⅱ.①彼… ②王… Ⅲ.①投资 — 研究 Ⅳ.①F830.59

中国国家版本馆CIP数据核字（2023）第067007号

如何规避投资五大陷阱
RUHE GUIBI TOUZI WUDA XIANJING

出版
发行　　中国金融出版社

社址　　北京市丰台区益泽路2号
市场开发部　　（010）66024766，63805472，63439533（传真）
网上书店　www.cfph.cn
　　　　　　　（010）66024766，63372837（传真）
读者服务部　　（010）66070833，62568380
邮编　100071
经销　新华书店
印刷　保利达印务有限公司
尺寸　169毫米×239毫米
印张　10.5
字数　140千
版次　2023年8月第1版
印次　2023年8月第1次印刷
定价　46.00元
ISBN 978 – 7 – 5220 – 1902 – 4
如出现印装错误本社负责调换　联系电话（010）63263947

前　言

在我做财富经理的职业生涯中，我遇到过成千上万的人在试图寻找更好的投资方式。我曾注意到起初来我公司的绝大多数客户都在计划与他们的前投资顾问终止合作。我清楚地明白这是因为前投资顾问们没有使这些客户满意。问题或是出在沟通方式和人际关系等方面，或是因为客户没有得到他们期望的收益，或是因为前投资顾问过于夸大他们的投资业绩。

许多投资者不喜欢投资、没时间投资，或者觉得自己不是很擅长投资。这类投资者通常会寻找投资顾问来帮助并告诉他们该如何投资，以此来减轻负担。不幸的是，许多投资顾问也与普通人犯了同样的错误，这是金融服务业的悲剧。通过观察许多人创造财富、失去财富，并重新获得财富的过程经历，我发现了导致财富恶化的主要原因。结论很简单：大多数情况下，一个投资者的投资业绩极其糟糕，不是市场原因，而是由于他们自己或投资顾问犯的错误。我们难免偶尔受到这些错误中至少一个的影响。有史以来许多非常成功的投资者们承认他们犯过这些错误或已意识到了这些错误，并积极树立思维防线以避免自己犯这些错误。多年来，我一直在谈论这些错误，本书将讲述如何避免这些陷阱，并指明一条通往投资成功的道路。

鸣 谢

本书的完成离不开莫利·罗托夫（Molly Rothove）、杰西卡·卡普珀（Jessica Culpepper）、詹姆斯·德威特（James DeWitt）、布伦娜·斯图尔特（Brenna Stewart）和吉姆·威廉姆斯（Jim Williams）的不断努力。除了为本书的辛勤付出，他们还为我提供了新闻消息，这些都是我在本书编辑处理前获得内部趣事的快乐源泉。

特别感谢创造计划财富管理公司（Creative Planning）所有才华卓越的工作人员们，包括协助对本书行为章节进行研究的莎拉·奥勒（Sarah Ayler）、安德鲁·霍斯曼（Andrew Horsman）、杰夫·朱迪（Jeff Juday）、艾什莉·穆利斯（Ashley Moulis）、梅根·佩里（Meghan Perry）、康纳·斯韦莱特（Conner Sivewright）、斯塔西·史密斯（Stacy Smith）和克里斯·沃尔夫（Chris Wolff）。

十分感谢创造计划财富管理公司（Creative Planning）的客户们，多年来我从客户们身上学到了很多。然而最重要的是，正是这群人让美国真正成为美国：世界上生活最美好的地方之一。他们使经济运行发展，而且他们当中的许多人正在实现或已经实现了"美国梦"。我持续不断地研究每一个方法来帮助他们，这些方法也是我运行公司的依据，我会将这些方法呈现在本书的内容里。

致我的母亲，她哄我相信我是无所不能的。直到很大年纪我才明白她是在哄我，那时这对我已经不重要了；致我的父亲，他在我很小的时候就教了我很多关于投资的事，投资也变成了我的爱好。我尤其珍视他那句忠告："心无旁骛"；感谢我漂亮的妻子维罗妮卡（Veronica），在我忙于本书期间，她经常带我们全家进行自驾游；

还有我最爱的三个孩子迈克尔①（Michael）、JP②和盖比③（Gabby），他们让我时刻专注于生命最重要的事情。最后，感谢编辑和加工本书的人。

---

① 他一定问过六七遍："有人会读这本书吗？"
② 感谢他让我在写作过程中能实时了解美国大学生篮球联赛得分。
③ 感谢他几乎每个整点都会为我送来拥抱。

法律披露

　　任何独立的评级机构和出版物的排名或赞誉不应该被客户或者潜在客户理解为是他们会获得同等收益的保证，如果创造计划财富管理公司（Creative Planning）从事或继续从事投资咨询服务，也不应该被理解为是任何客户对该公司现在或过去收益的背书。杂志和其他渠道公布的排名通常基于它们所挑选的特定信息，这些信息由权威顾问准备或提交。排名通常局限于参加评选的投资顾问。创造计划财富管理公司（Creative Planning）从未付费购买任何排名或赞誉，但会购买牌匾或重印排名用于宣传。更多关于创造计划财富管理公司的排名或荣誉信息可以在以下网址找到：

http://www.creativeplanning.com/important-disclosure-information/

引 言

市场想成为你的朋友

风险来自你不知道自己在做什么。

——沃伦·巴菲特（Warren Buffett）

我们经常听说市场长期表现平均在10%左右，的确如此。市场只是不会以友好的、线性的、无压力的方式产生收益。任何市场都如此。让我们看一下图0.1中的年收益。

从长期看，市场的收益率的确平均在10%左右。但是大多数的投资者从未从他们的股票投资中获得近似的收益。这是因为市场收益是变化的，而且在剧烈变化着、时刻变化着。若想成为一个成功的投资者，你需要接受这个观念以免犯那些几乎所有投资者都会犯的错误：无论是选择市场时机、积极主动地交易股票、被业绩表现数据所误导、操作失误，或是缺乏固定的、严格的投资计划。

那么，究竟投资者为何无法获得市场收益呢？原因很简单，是投资者自身因素阻止他们获得市场想要给他们的收益。投资者想尽办法犯错，让自己无法获得市场收益。

改进的第一步就是摒弃那些你认为有用的错误观念，有意识地避免最普遍的错误。这就是本书要讲的主要内容。辨别可以避免的错误能大幅提升你的投资业绩、减少你的压力、大幅增加你实现投资目标的可能性，甚至提升你的生活质量。

让我们开始吧。

如何规避投资五大陷阱

-50	-40	-30	-20	-10	0~10	20	30	40	50	60
					2014					
					2011					
					2007					
					2005					
					1994					
					1993					
					1992					
					1987					
					1984					
					1978					
					1970	2016				
					1960	2012				
					1956	2010				
					1948	2006				
					1947	1986				
					1923	1979				
				2018	1916	1972				
				2015	1912	1971				
				2000	1911	1968				
				1990	1906	1965				
				1981	1902	1964	2019			
				1977	1899	1959	2017			
				1969	1896	1952	2013			
				1962	1895	1949	2009			
				1953	1894	1944	2003			
				1946	1891	1926	1999			
				1940	1889	1921	1998			
				1939	1887	1919	1996			
				1934	1881	1918	1983			
				1932	1877	1905	1982			
			2001	1929	1875	1904	1976			
			1973	1914	1874	1898	1967			
			1966	1913	1872	1897	1963	1997		
			1957	1903	1871	1892	1961	1995		
			1941	1890	1870	1886	1951	1991		
			1920	1887	1869	1878	1943	1989		
			1917	1883	1868	1864	1942	1985		
			1910	1882	1867	1858	1925	1980		
			1893	1876	1866	1855	1924	1975		
			1884	1861	1865	1850	1922	1955		
			1873	1860	1859	1849	1915	1950		
		2002	1854	1853	1856	1848	1909	1945		
		1974	1841	1851	1844	1847	1901	1938	1958	1954
		1930	1837	1845	1842	1838	1900	1936	1935	1933
		1907	1831	1835	1840	1834	1880	1927	1928	1885
	2008	1857	1828	1833	1836	1832	1852	1908	1963	1879
1931	1937	1839	1825	1827	1826	1829	1846	1830	1943	1862

图0.1 标准普尔市场指数年度百分比变化

目　录

4

错误 1　选择市场时机

朋友，我这里有一个投资机会！在过去的88年里，它取得了年均约10个百分点的收益，而且是直线上升。不信你看（见图1.1）！

单位：点

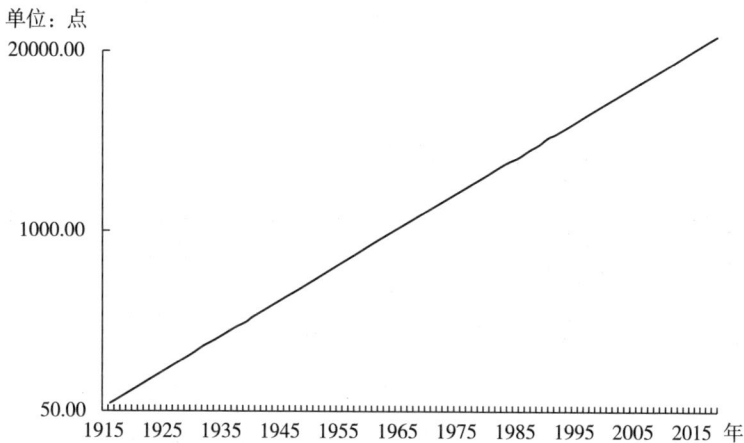

图1.1　某种投资的收益趋势图

（资料来源：标准普尔道琼斯指数有限责任公司，2014年）

现在，如果我告诉你这样的收益率是真实存在的呢？更吸引人的是它已经准备好并等待你的参与。那么是什么投资这么神奇和不可思议？没错，你可能早已听说过它：股市。

对于大多数人来说，实现这种收益率简直是天方夜谭。许多研究者试图将个人投资者的收益率和整个市场的收益率进行量化对比，并且得出了相同的结论：个人投资者的股票投资组合回报经常落后于股市回报，而且往往差距巨大。

选择市场时机是一种认为进场和退场是有合适时间的想法。一些人在感觉市场即将下行时，便退出了股市；在预测市场复苏时，便加仓高风险股票，以此来"保护"自己的资金。

现在让我们来弄清楚一件事：选择市场时机毫无作用！一点儿用都没有！别告诉我你从没选择过市场时机。想想你是否曾说过或有过下面类似的想法：

"我手上有一笔观望资金，现在只是在等股市形势平稳下来。"

"我有一笔奖金，但我想等到市场回调。"

"等到（这里加点蹩脚的借口，例如：大选、新年、市场价值回归、债务危机过去、国会制定预算、雄狮队赢下超级碗①等）之后我就投资。"

所有这些都叫选择市场时机。

股票投资能产生如此空想般（fantastical②）的回报，为什么会有人阻止自己参与？

很简单，这是因为股市不是直线上涨的，图1.2就是一张按照实际收益率绘制的图表。

现在来看，该指数走势看起来还不算太糟。但是，当你亲身经历这段时间的话，就完全是另一回事了。想象一下你在大萧条期间经历的情绪波动，或者在20世纪70年代所忍受的滞胀感③，又或者是2020年初的市场恐慌（这个也许不需要想象！）。投资期间，你能很好地体会到什么是度日如年，尤其是当市场背离你的预期的时候。

———————————

① 译者注：Super Bowl，超级碗，是美国职业橄榄球大联盟（NFL）的年度冠军赛，一般在每年1月最后一个星期天或2月第一个星期天举行。雄狮队（The Lions）主场设于底特律。

② 没错，是fantastical（空想的）这个词。"Fantastic"（太棒了）好像不足以形容投资了的股票有多好。

③ 译者注：20世纪70年代，美国深陷越南战争泥沼，叠加科技进步不足、石油危机等的影响，美国经济增长近乎停滞，但通货膨胀依然高企，陷入"滞胀"阶段。

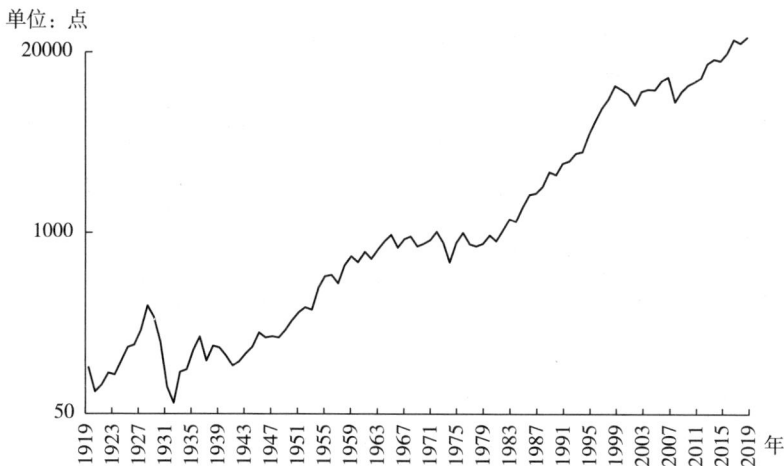

图1.2 道琼斯工业平均指数走势图

（资料来源：标准普尔道琼斯指数有限责任公司，2020年）

需要澄清的是，"股票市场"可以有很多个。到目前为止，我们所看到的图展示的是道琼斯工业平均指数，该指数包含30家美国大型公司，其历史可以追溯到100多年前。今天更为常见的指数是标普500指数，它涵盖了500家美国大型公司，如微软、埃克森美孚、谷歌、宝洁和苹果等。虽然市场上有成千上万只股票，但这最大的500只股票的市值占据了整个市场的80%。这是因为像麦当劳这样在标普500指数里的公司要比像芝乐坊（Cheesecake Factory）这类的小公司大数百倍。①

正如没有人会一直认为自己当前选择的是最好的投资，美国小公司股票、国际股票和新兴市场股票的投资者也是一样的。关键是所有交易活跃的市场都做了同一件事：上涨——大幅上涨。

以上看起来很棒，对吧？但为了取得这么大的回报，你需要避免犯第一个大错误——试图选择市场时机。若想防止掉进这个陷阱，重要的是要躲开那些会把你带进沟里的人，例如电视上的预测专家、市

---

① 显然，市值并不能反映出谁的甜品更好吃。这一点将在后文详细说明。

场投机者、身边的同事、"上次股市崩盘前一秒成功脱身"的姐夫，以及金融服务业的大多数从业人员。

这些所谓的市场时机选择者可以被分为两个阵营，如图1.3所示。

当前这个图并不是很严谨。我并不是真的知道市场时机选择者中无能的和无信的比例。但是，我认为他们至少属于这两个阵营之一，并且这两种人同样危险。让我们来看看这两个阵营："傻子"和"骗子"。

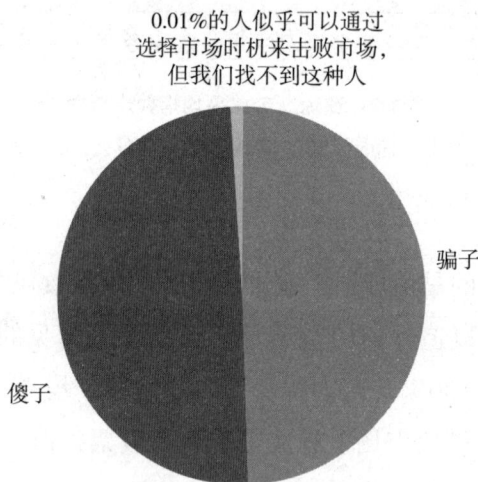

0.01%的人似乎可以通过
选择市场时机来击败市场，
但我们找不到这种人

骗子

傻子

图1.3　市场时机选择者的阵营
（资料来源：创造计划财富管理公司）

"傻子"

当市场下行时我们应该做什么？读一读《华尔街日报》引述的投资导师的建议，一笑而过就好。我们都知道，专家无法预测短期市场走势。可他们却竭尽所能地让自己看起来很聪明，尽管他们其实没有半点儿头绪。

——乔纳森·克莱门茨（Jonathan Clements）

会有绝对真诚的投资者和投资顾问，真心认为自己可以把握市场时机。他们坚信自己知道一些旁人不知道的事情，或者发现了一些别人没看到的东西。他们经常会告诉你他们以前成功了，而且他们也许确实成功过——就一次。这些人就像你那个从拉斯维加斯赌场回来的朋友一样，告诉你"我赢麻了，兄弟！"，但输了五次这件事他就顺便省略了。他们忘记了所做的失败的决定，只会记得成功的决定。他们可能是出于一片好心，但最终只会导致他们自己和任何听信他们的人遭受损失。这些人有必要接受一下教育，让他们认识到自己有多愚蠢。幸运的是，你将很快就能识破他们，远离他们，甚至可能把他们拯救出来。

"骗子"

有三种人会做市场预测：无知的人，不知道自己无知的人，以及很清楚自己无知但通过装作很懂赚大钱的人。

——伯顿·马尔基尔（Burton Malkiel）[①]

不幸的是，许多投资顾问明明很清楚市场时机无法掌控，但是他们的生计依赖于让你相信他们能为你提供"下行保护"。这是金融咨询界最轻松的营销方式。潜在客户最想听到的莫过于这样的说辞：他们可以参与到股市的上涨中，同时避免经受回调。永远有人想听这个，而且只要这些人存在，就会有成千上万的专业人士准备向他们兜售这样的"万金油"。

同时，我发现许多投资顾问明明已经接触了许多信息，这些信息足以使他们改变关于选择市场时机的看法，但丰厚的薪水使他们难以

---

① 伯顿·马尔基尔（Burton Malkiel）就这个问题写了一本具有革命性的书，名为《漫步华尔街》（*A Random Walk Down Wall Street*）。他提倡投资组合的核心应是指数化投资，在某些"边缘部分"可以积极操作。这种投资哲学我很赞同。

接受这个事实。就像一个邪教成员找到了确凿的证据，证明他们的创始人是个骗子一样，投资顾问会发现现实太过难以接受，而只是继续保持妄想和无知。正如笛卡尔（Descarte）所说，"人类无法理解任何妨碍自身收入的论点"。①

媒体上的预言家们也渴望给出大胆的市场预测。我上过几个美国商业频道，包括美国消费者新闻与商业频道和福克斯商业频道。在节目开始以前，主持人总是询问我关于"市场走向"的看法。但他们总会因为我短短的一句"我不知道"而感到失望。这可不会让我成为世界上最激动人心的嘉宾。一家全国有线电视网络甚至称我为"时间机器"顾问，因为我总是在提出建议之前说"我不知道短期内会发生什么，但我对长期很有信心"。我的头从一个看起来像老式电话亭的时间机器中伸出，这个画面很有趣。②

简言之，如果你又想上电视又想获得客户，最简单的方法就是贩卖所谓的"选择市场时机"。金融服务业会奖励故意传递错误信息的人。

为什么打败市场这么难？

在有效市场中，任何时候证券的实际价格都是对其内在价值的良好估价。

——尤金·法玛（Eugene Fama）

选择市场时机失败的原因有很多，投资经理也有很多理由，尝试向你说明为什么他们能够成功。让我们从宏观的角度出发，研究一下投资大师和他们实际取得的成果。

---

① 笛卡尔（Descarte）也是一个很聪明的人，但是读他的书不会让你学到任何关于投资的知识。

② 我姐夫永远不会让我忘记这件事。

有效市场

有效市场假说是由诺贝尔经济学奖得主尤金·法玛（Eugene Fama）提出的。这种投资理论可以被总结如下：市场很难被击败，因为市场有效地整合了所有相关的信息。对于特定的证券，一群聪明的人（和不那么聪明的人）了解的都是同样的信息，因此，没有人能凭借持续的优势获得高于市场的回报。

在几种看似击败了市场的投资模式中，几乎无一例外都是因为投资人承担了额外的风险。例如，有证据证明小公司股票的长期表现优于大公司，这很可能是因为它们风险更高（更不稳定）。

在我看来，尽管市场并不是完全有效的，但证据有力地表明，市场的有效程度足以完败市场择机者。[①]

比市场稍微好一点儿还不够

为什么成功地反复进出市场如此困难？问题在于，许多投资者认为只要在50%以上的时间做出正确的决定就足以成功了。但事实上，诺贝尔奖得主威廉·夏普[②]（William Sharpe）的一项详尽的研究表明：根据市场走势，投资者必须在69%~91%的时间决策正确才行。祝你好运！

证据（研究和资料）

反对市场择机投资的证据是压倒性的。

在一项可能是迄今为止关于市场时机的最详尽的研究中，理查德·鲍尔（Richard Bauer）和朱莉·达尔奎斯特（Julie Dahlquist）研究了从1926年到1999年超过100万个市场时机序列。结论是，按兵不动的

---

① 技术上来说。

② 好吧，有机会的话我们也会引用非诺贝尔奖得主的研究。

持有策略跑赢了80%以上的市场时机选择策略。这是由长时间多情境得出的一个压倒性的结论。这个结论似乎不符合许多人的做法，也不符合我们从大众、媒体、经济学家、投资经理、时事通信和朋友那里听到的说法。接下来，让我们来分别看一下。

大众总在一次又一次犯错

对于股市、利率或商业活动未来一年的走势，我们没有任何看法。长期以来，我们一直认为股票预测的唯一价值是让预测者看起来有价值。我们认为，短期市场预测是毒药，应该锁在一个远离儿童的安全地带，也远离那些在市场上表现得像儿童一样的成年人。

——沃伦·巴菲特（Warren Buffett）

对于一般的投资者而言，他们在市场时机选择上犯了惊人的错误。2020年3月，在市场因新冠病毒疫情影响而崩溃触底的时候，投资者创纪录地从股市中撤走了3260亿美元（是原纪录2008年国际金融危机时的三倍多），转为持有现金的金额也创下了纪录。在不到6个月内，股市不仅完全复苏，而且在当年进入上行区间。投资者们完美地错过了市场时机，两次打破了纪录，而且都是在错误的时间。

媒体总在一次又一次犯错

典型的投资者会从媒体上获取金融信息。但值得注意的是，媒体提供的有关市场预测的所有信息的总价值为零。如果你遵循了这些媒体信息的指引，信息的价值甚至为负，因为你可能获得负面的回报，而不是中性的。让我们看几个例子：

"股市的末日。"——《商业周刊》，1979年8月13日——就在史上最大的牛市前夕。

"大崩盘。在华尔街度过了疯狂的一周后，世界已变。"——

《时代周刊》，1987年11月11日——在接下来的12个月里，股市如火箭般上涨了31%。

"不要买股票。绝对不要！"——《时代周刊》，1988年9月26日——就在股市即将开启黄金十年之前。

"你还敢退休吗？随着股市暴跌，企业陷入混乱，美国的金融期货正在面临危险。"——《时代周刊》，2002年7月29日——市场在2002年7月至2003年6月上涨了21%。

媒体的工作不是给你提供消息，而是为了博人眼球。关注度事关他们的广告收入。这意味着他们的素材需要吸引人阅读和收看。与其告诉大家"一切都好"，制造恐慌才能更好地吸引大众。这不仅指媒体上的金融信息，而是指绝大多数新闻。

经济学家总在一次又一次犯错

如果你准备预测的话，多预测几次。

——约翰·肯尼斯·加尔布雷思（John Kenneth Galbraith）

预测可以告诉你很多关于预测者的信息，但它们不能告诉你关于未来的任何事。

——沃伦·巴菲特

预测未来的人满嘴谎言，即使他说的是实话。

——谚语

经济学家没有预测经济走向的能力。因为有太多的变量——已知的或者未知的——使他们无法持续且准确地做出预测。关于这点，历史上有两个趣闻。1929年10月15日，被米尔顿·弗里德曼（Milton Friedman）誉为"美国有史以来最伟大的经济学家"的欧文·费雪（Irving Fisher）断言，"股价似乎已经达到了一个永久性的高位稳定期"。在接下来的一周内，股市崩盘了，将我们带进了大萧条时代，并开始如自由落体一般下跌，最终导致道琼斯指数下跌了88%。股市再次跌成这般惨状，已是80年后的事情了。当然，在80年后的这次下跌前夕，也有知名经济学家高调地做出了大胆的预测。2008年1月10日，本·伯南克（Ben Bernanke）表示，"美联储目前并没有预测经济会衰退。"[①]不幸的是，经济并没有听从他的话。几个月后，经济陷入了自大萧条之后最严重的衰退，导致股市一路下跌超过50%。

一些经济学家因其大胆的预测而名声大噪。看起来，预测越大胆越好。尽管哈里·登特（Harry Dent）的市场预测极其失败，但他成了一位颇受欢迎的经济学家。似乎预测越夸张，他得到的关注就越多。他在2006年撰写的《下一个大泡沫繁荣》中写道："道琼斯工业平均指数可能在2008年底或2009年达到3.5万点或4万点的高点……这仍然是我们的预测。"当然，我们都知道，股市随后经历了自由落体式的下跌，并在2009年3月触底，这是自大萧条之后最大的一次回调。几乎是在最不合时宜的时间，2009年登特又出版了一本新书，书名是《大萧条即将来临》。在这本书中，登特预测经济衰退将演变为大萧条，道琼斯工业平均指数将跌至3800点。他强烈建议投资者应在2009年市场出现任何反弹时，卖掉所有的股票和房地产并套现。如果情况不是这么离谱的话，这件事还算有趣。登特竭尽所能地推销这些书，还在金融网络平台上宣传他的预测。这两本书都成了畅销书。然而不幸的是，任何追随"繁荣"之书的人都在错误的时间进场，而任何追随"萧条"之书的人都在最糟糕的时间清仓。

2013年5月，登特在名为"生存与兴旺"的网站上刊载的广告中写道："我预测道琼斯指数将继续一周接一周地下跌……最终跌至3300点。你、我、任何政客和政府，或者任何货币专家团队都无法阻

---

① 现在，思考一下这个问题。可以说，美联储是由世界上最好的经济团队管理的。而他们控制着利率，而利率至少在一定程度上推动着事态的发展。如果连他们都无法预测会发生什么的话，那么你、你的朋友，或者你的金融顾问，怎么能预测会发生什么呢？

止道琼斯指数的下跌。但好消息是，预知未来便可创造非凡的财富。在'生存与兴旺'网站的免费邮件推送中，我将向你展示我的经济分析和人口统计研究，证明道琼斯指数即将出现历史性下跌。我也将展示如何预测并且从未来获益，这是一门科学，而且比你想象的更加容易"。这个家伙，就像所有兜售自己能够正确选择市场时机的人一样，不过是个江湖骗子。

尽管他的预测一次又一次地出现惊人的错误，伦敦交易所另类投资市场①还是与他合作成立了一个遵循他建议的共同基金——"伦敦交易所另类投资市场——登特人口趋势基金"。该基金很快就募集了20亿美元，这在很大程度上得益于围绕登特的宣传。由于糟糕的业绩，该基金很快损失了80%的资产。登特将之归咎于基金并没有采纳他的全部建议。可是对于如何解释"登特ETF基金"（交易型开放式指数基金）的表现，他可能要费些脑筋。该基金于2009年9月9日推出，由HS-登特投资管理公司运营直至2012年6月2日公司放弃运营。登特在他的网站上声称自己的方法为"实时洞察和分析，帮助人们做出有利可图的决策"。那么，这只ETF基金在他的管理下表现如何呢？在他们的任期内，这只基金下跌了12.9%，而同期的美国股市上涨了42.7%、债市上涨了18.2%。在这样一个牛市里，亏掉这么多钱也是一件很不容易的事情，可能你再怎么努力也做不到。尽管犯下多次大错，登特还是获得了一批拥趸，并且获得了大量的媒体曝光。极端的预测不愁找不到传递的电波。

多数经济学家无法正确预测市场，事实也证明了这一点。然而，经济学家偶尔也会做出看似准确的预测。鲁比尼全球经济咨询公司主席、著名经济学家鲁里埃尔·鲁比尼（Nouriel Roubini）博士就是其中

---

① 译者注：伦敦交易所另类投资市场（London's Alternative Investment Market, AIM）。

之一。他被人称为不祥的"末日博士"①，因为他曾在市场衰退到来前警告过公众。然而，根据华尔街经济学家协会网站上公布的经济预测研究项目，"末日博士"实际上在2004年、2005年、2006年和2007年都预言了市场衰退，但事实上都没有衰退。如果你采纳了他的建议，的确会在2008年的大跌前退出市场，但你也可能在2008年的前四年和后几年均未入市。总而言之，听从"末日博士"的预测，赚到的钱远比什么都不做要少得多。

在2006年国际货币基金组织的一次会议上，"末日博士"说：我的分析是建立在详尽观察的基础上的……我说过，经济衰退的可能性是"70%"。如果你问我是从哪里得出这个数字的？那就是通过我的鼻子得出的。②我这样说是认真的。想想看，如果你说"50%"，你就会像个懦夫，因为这意味着你不确定。所以如果你有胆量相信会有经济衰退，你应该说一个比这个更高的数字，这就是"70%"的来源。所以我的模型就像一个"嗅觉测试"。

我来翻译一下："末日博士"也许是当下最具盛名的经济预测家，他基本上在说自己的猜测是基于"嗅觉测试"，并夸大自己的直觉以显得更加自信。

严肃地说，我可编不出这些东西！

其实，如果不是财经媒体高抬他，还把他关于市场变动的观点炒作得如此一言九鼎、不容置疑的话，这件事还挺有趣的。如果观众在看"末日博士"解读他对市场前景的看法时，金融媒体在旁滚动播放他先前的预测，也许他就不会像现在一样有份量了，而是会招致无数

---

① 当你有了一个绰号，你就正式成为了一名大经济学家。鲁比尼博士是"末日博士"，而另一位著名的末日预言家——马奇·法伯（March Faber）也有一个绰号，同样叫"末日博士"。看起来，如果你对事情将变得糟糕这件事叫得越久、越响亮，你就越有可能得到一个绰号，虽然不是独特的绰号。

② 我个人认为他判断对了得益于身体其他部位。

的白眼。不幸的是，所有人听到的都是"末日博士"成功预测了2008年经济衰退这件事，因此更加重视他的意见，然后通常都会按照他的最新的看空预测（可以说几乎总是看空）行事。

我知道你们现在是怎么想的："'末日博士'可能是预测危机最著名的经济学家，虽然他几乎未能正确预测任何事情，但这并不代表其他经济预测者也做不到。"[1]好吧，感谢你能有这样的想法。让我们来看看像哈里·登特和"末日博士"这样的经济预测家群体的全貌吧。

幸运的是，我不需要花时间来研究这个问题。牛津大学经济学家杰克尔·邓雷耳（Jerker Denrell）和纽约大学的克里斯蒂娜·方（Christina Fang）研究了华尔街日报2002年7月至2005年7月经济预测调查专栏的所有经济预测。然后，他们将研究范围进一步缩小到一个独立的经济学家群体，这个群体已被证明在预测不可能的结果方面最为成功。为此，他们将经济学家提出的比平均预测高20%或低20%的预测定义为"极端"预测。这样一来，被筛选出的这些经济学家看起来非常擅长预测这件事。毕竟，他们的观点独树一帜，或者至少是少数派，而且已经被实际证明是正确的。

但是，事实并非如此。邓雷耳和方接着又研究了这个群体的其他预测，发现这些在预测"极端"事件方面成功率最高的经济学家，总体上的预测成功率更差。换句话说，经济学家的预测越疯狂，他就越有可能时不时地"打出本垒打"，但也就越有可能"三振出局"。你想从这样的人那里得到投资建议吗？

情况是这样的：预测者对自己的预测越肯定，预测正确的可能性就越小，而且预测更有可能是出于作秀的目的。在投资方面，预测越大胆，消息就越不靠谱。如果你关心自己的财务状况，数据强烈建议你最好忽略预测。诺贝尔奖得主乔·斯蒂格利茨（Joe Stiglitz）[2]曾表

---

① 也许你在想，"是该吃个三明治休息一下了"。唉，我不是一个读心者。

② 这儿又有几位诺贝尔奖得主。

示，经济学家10次中有3~4次是正确的，这样的胜算，我是不打算听他们的意见了，你也应该这么做。

投资经理一次又一次犯错

当然，在股市高点时卖出，在股市低点时重新买入是件好事。但在55年的商业生涯中，我不仅未曾见过谁知道如何这样做，我甚至从未见过谁曾遇到过知道如何这样做的人。

——约翰·博格尔（John Bogle），先锋（Vanguard）创始人

毫不夸张地说，有成千上万的投资顾问声称他们有"市场指标"来帮助他们选择市场时机。这群人中最有名的是肯·费舍尔（Ken Fisher），他经营着美国最大的投资管理公司之一，是1984年至2017年《福布斯》颇受欢迎的专栏作家。据他名为费舍尔投资（Fisher Investment）的投资网站所说，他相信他的公司能够"以不同的方式解读信息，找到其他基金经理可能忽视的全球投资机会"，这是"取得长期业绩的最好方法"。尽管肯利用直接营销和一大批销售代表来推广他的私人投资管理服务，但他们很少提及自己过去管理的公募基金。普里西马总回报基金（Purisima Total Return Fund，PURIX）由肯和他的团队选择的证券组成，想必是沿用了他以往经实践检验的成功策略。该基金从1996年开始运营，2016年被决定关闭。根据聚焦网（Gurufocus）的信息，这只基金在每个重要时期的表现都逊色于标准普尔500指数，而且差得不止一点点：3年、5年、10年和15年的累计相对业绩表现差距分别为-20.71%、-51.11%、-52.86%和-16.00%。

2007年9月，肯在他的专栏中写道："这是一场虚假的信贷紧缩……再过几个月，我们就会奇怪为什么要这么大惊小怪了。"肯最大胆的预测也许发生在2008年1月，当时市场开始螺旋式下跌。肯在他的专栏中写道："我来给你一个郑重承诺……美国股市在2008年将会表现良好——至少比人们预期的要好。我的建议是在全球范围内保持

满仓投资此类股票。"

当然，随之而来的是股市创下自大萧条以来最大的年度跌幅，费舍尔团队管理的普里西马基金在2008年下跌42.95%，比标普500指数糟糕得多。

然而，我们要清楚的是，肯·费舍尔只是最有影响力的市场择机者之一，他并不是唯一一个没有能力持续准确地选择市场时机的人，更不是唯一一个没有能力跑赢大盘的人。正如晨星公司（Morningstar）总经理唐·菲利普斯（Don Phillips）所言："我找不出世界上任何一只基金，能够以市场时机选择作为主要投资准则，创造出卓越的长期业绩纪录。"

虽然肯·费舍尔对2008年的预测是错的，但彼得·希夫（Peter Schiff）预测成功了。早在2006年12月，投资顾问彼得·希夫就预言了经济危机。然而，华尔街经济学家协会网站上的经济预测研究项目（Economic forecasts Research Project）将这次成功的预测与其他预测一同罗列。而以下是彼得·希夫2002年至2012年的主要预测：

2002年5月——道琼斯指数将跌至4000点——错了。

2006年12月16日——利率和通货膨胀将走高——错了。

2006年12月16日——2008年和2009年将会有通货膨胀——错了。

2006年12月16日——美国股市将暴跌——对了！这就是他被广泛熟知的"正确"预测。

在危机之前和危机期间反复地预测：购买外国股票和大宗商品——不但预测错了，而且更是一个惊人的"失误"。结果是，虽然他对美国市场的看法是正确的，但他的解决方案并不正确。外国股票遭到抛售的程度远超美国股票，跌幅超过43%。彼得·希夫按照自己的建议为客户投资，导致遭受了金融危机的重创。

2009年1月16日：2010年美元将至少再贬值40%~50%——错了。

2009年1月2日：2009年、2010年和2011年美股将大幅走低——错了，在这段时间里，美国股市上涨约超40%！

2009年9月9日：金价将涨到5000美元——错了。

2009年9月9日：美元价值将趋近于0——错了。

2010年1月12日：购买黄金这样的大宗商品——对了，只不过后来它们崩盘了，而他的客户仍持有这类资产。

2010年8月26日：2012年前我们无法实现预定目标——错了。

2010年12月31日：美国股市会像多米诺骨牌一样倒塌，2011年肯定会发生很多不好的事情——错了。

总而言之，彼得·希夫确实做了一个重要的市场预测，但他的解决方案没有奏效，而且他的其他大多数预测都是完全错误的。我非常同意寻找阿尔法[①]股市分析网站上托德·沙利文（Todd Sullivan）的观点，他曾写道："如果你跟随希夫往市场中加注，你会输掉所有赌注。"

归根结底，有成千上万的投资经理声称能够选择市场时机。有些很有名，有些则不然。不过，他们都有一个共同点：他们当中没有人能有效地、反复地做出准确预测。随着时间的推移，正确预测市场时机的可能性极低，只有傻瓜才会与市场玩这样的游戏。超级大傻瓜还会花钱雇别人用他们的钱来赌博。胜率对市场择机者非常不利，因此从长期来看除了巨大的失败几乎没有其他的结果[②]。

---

① 译者注：寻找阿尔法，即Seeking Alpha，是一家美国股市分析网站。Seeking Alpha于2004年由前华尔街分析师大卫·杰克逊创建。Seeking Alpha股市分析报告分销合作伙伴包括雅虎财经、MSN财经、CNBC、MarketWatch、纳斯达克和TheStreet。Seeking Alpha是投资者和金融专业人士最喜欢的网站之一。2007年，Seeking Alpha被福布斯评为"最佳网站奖"。

② 投资法则第1条：避免巨大的失败。巨大的失败很不好。

时事通信[①] 一次又一次出错

靠时事通信赚钱的唯一方法就是销售它。

——马尔科姆·福布斯（Malcolm Forbes）

成千上万的美国人订阅各种市场动态时事通信。这些美国人正在花费时间和金钱，以增加他们收益低于市场回报的概率。

1994年，约翰·格拉汉姆（John Graham）和坎贝尔·哈维（Campbell Harvey）分析了马克·赫伯特（Mark Hulbert）[②]提供的数据，对时事通信预测市场的能力进行了最全面的研究。他们分析了过去13年间237份时事通信提及的超过1.5万次的市场时机，得出了压倒性的结论：75%的时事通信产生了负向异常回报。基本上，听从大量此类信息中的建议会导致业绩表现为负。

一些时事通信，比如曾经著名的《葛维里市场通信》（*Granville Market Letter*），平均年回报率为-5.4%。"末日说"狂热者最爱的《艾略特波浪理论家》（*Elliot Wave Theorist*）[③]，年回报率为-14.8%。在同一时期，标准普尔500指数的年回报率为15.9%，超过了四分之三的时事通信。

你可能会问，那不是还有四分之一的时事通信达到或超过市场表现吗？这似乎是不可能的，因为这项研究实际上夸大了市场择机类时事通信的表现。如果将费用、交易成本和税金计算在内，业绩表现会更糟！最后，作者进一步研究了赢家是否会持续获胜。结论很明显：赢家很少会再次获胜。

[①] 译者注：时事通信（newsletters）指的是机构或媒体定期向用户发送所订阅主题的邮件的一种通信方式。

[②] 马克·赫伯特提供一项跟踪时事通信预测及业绩表现的服务。

[③] 尽管"末日说"狂热者拼命地试图省钱但最终损失惨重，这不可笑吗？

作者在他们的研究结论中严厉而明确地说："没有证据表明这些时事通信能预测市场"。

赫伯特自己的研究表明，在任何特定的年份里，少数能够跑赢市场的股票在接下来几年里也不一定能赢。换句话说，一年表现良好不代表未来也有良好业绩。有关市场择机类时事通信的数据提供了一个更悲观的观点：数据显示，长期来看，没有一份市场择机类时事通信能击败市场！

你的朋友

只有骗子总是设法在低迷时期退出而在繁荣时期入市。

——伯纳德·巴鲁克（Bernard Baruch）

当然，我们都认识这样一个人——他"有预感"什么时候应该退出市场。[1] 他就像你在拉斯维加斯赌博的朋友一样，只会告诉你他赢了多少次，却忘记告诉你他输了多少次。毫无疑问，有些人能在正确的时机入市。总会有人做到这一点。然而，要想成功，他们需要正确地把握何时退出，何时重返市场。更重要的是，他们需要如此周而复始。十有八九，这次做对了的人在过去已经尝试过很多次了，而且在未来还会继续尝试。这个人最终失败的概率非常高。在我的整个职业生涯中，我个人从来没有见过一个投资者在接近高点时退出市场，然后在接近低点时再次进入市场。一次也没有。他们需要一次又一次地这样做才能成功。你真的以为你的朋友能做到连专业人士都做不到的事吗？统计数据、概率，更不用说单纯古老的常识，都告诉你，不能。

换汤不换药的市场择机策略——它们一样不管用

如果你的投资顾问告诉你他不是在选择市场时机，那就多问一

---

① 比如，你的朋友说这样的话："兄弟，市场被高估了。任何人都能看出来！"或者"从这些图表能很容易看出在最近一次市场回调之前什么时间退出。"

些问题。他们通常会尝试向你推销你想听的东西，也就是把"选择市场时机"包装成不同的形式。如果你听到"下行保护""资产类别轮换""战术配置""风格轮换"和"行业轮换"这样的术语，这些策略暗指你可以定期预测何时从市场的一个部分转移到另一个部分。所有这些策略其实都是选择市场时机——而且有压倒性的证据表明这并不管用。

资产类别轮换

资产类别轮换策略试图选择在一个理想时间将资产从一个资产类别转换成另一个资产类别。这个策略中的"卖点"通常是"市场下行保护"。在营销时，投资顾问通常会推销这样一种想法：他们会在市场上涨时持有股票，但会在市场下跌前转为持有现金。罗伯特·杰弗里（Robert Jeffrey）在他1984年的文章《愚蠢的股市时机选择》（*The Folly of Stock Market Timing*）中研究了股票和现金之间的年度转换，他得出结论："市场时机选择所带来的潜在负面影响远远超过了潜在的正面影响。"当你在任何时候听到"资产类别轮换"或者"下行保护策略"时，你的"警报器"应该哔哔作响了[①]！

战术性资产配置

战术性资产配置基金试图在宽泛的资产类别间转换，从而跑赢市场。2012年2月，晨星公司将210个战术性资产配置投资组合与以60%和40%的比例配置股票和债券的先锋（Vanguard）投资组合进行了比较。结论是："除了少数例外，战术性资产配置投资组合的涨幅更小，波动性更大，或者与60%股票/40%债券投资组合一样面临下行风

[①] 你是否发现，成功投资的一部分就是要有一个非常好的"警报器"用于提醒。我们指的是非常先进的那种。下架的产品可不行。只是除了最好的，市场上还有太多不靠谱的"警报器"了。

险"。换句话说，战术性配置使低回报平添了更多动荡。[①]

风格轮换

通过这种策略，投资顾问推销的理念是他们可以在最佳时机转变投资风格。典型的风格轮换策略包括在正确的时间从价值型股票转向成长型股票，或者从大派息股票转向小型股票。同样，事实证明这根本没用。

行业轮换

行业轮换策略通过在正确的时间从一个行业转移到另一个行业来保证更好的表现。例如，基金经理可能会从金融板块转向医疗保健板块，这取决于他们对经济走向的看法。同样，这只是把市场时机选择换了个名字，证据表明这也不起作用。

聪明的投资者对市场时机选择的看法

市场择机者的名人堂里空无一人。

——简·布莱恩特·奎因（Jane Bryant Quinn）

在所有伟大的投资者中，没有一个人提倡市场择机。曾主宰过一代金融业的 J. P. 摩根先生被一位年轻的投资者问及市场走向时曾回答："它会波动的，年轻人，它会波动。""现代投资之父"本杰明·格雷厄姆（Benjamin Graham）反对市场时机选择，他在1976年说："如果说我从华尔街过去60年中学到了什么，那就是人们无法成功地预测股票市场的走向。"全球最大基金公司先锋的创始人约翰·博格尔（John Bogle）曾多次表示，他发现选择市场时机是不可能

[①] 具有讽刺意味的是，这些策略往往会产生更大的波动，并带来更低的回报，这与投资者试图实现的目标完全相反。

的，也是徒劳的。在现代投资领域无人能及的沃伦·巴菲特曾多次嘲笑市场时机选择，说这是一个投资者能做的最愚蠢的事情。在这个问题上，他还有很多表述，包括"预测者的存在是为了让算命先生看起来好一点儿"，以及"我从未见过能把握市场时机的人"。

知道以上这些，为什么还有人要选择市场时机？

华尔街永远不会改变——钱包会变，傻瓜会变，股票会变——但华尔街永远不会变，因为人性永远不会变。

——杰西·利弗莫尔（Jesse Livermore）

明白了媒体、经济学家、时事通信、投资经理以及几乎所有人都无法成功地选择市场时机，也知道了传奇投资者对选择市场时机的看法，为什么还会有人投身其中？投资者和"专家"接受市场择机的原因一样：无知，贪婪，或者兼而有之。投资者愿意相信有人能在市场上涨前进场，在市场下跌前离场。其他投资策略听起来都没有市场择机投资这么有吸引力，即使它们能减少损失或增加收益。而只要有需求，就会有人一本正经地推销所谓"选择市场时机"的投资策略。为了得到你的青睐，投资顾问可能不会把它称作"市场择机"，而是用其他暗号指代。厄普顿·辛克莱（Upton Sinclair）曾经说过："你很难让一个人理解某件事，如果他的薪水来源于他不理解这件事。"只要我们还活着，就会有成千上万的顾问在推销市场择机。你尽管放心好了！

为了在市场动荡中生存下来，而不陷入市场时机选择的错误深渊，我们必须了解市场大幅波动的频率，尤其是回调和熊市。

回调

投资者为回调做准备或试图预测回调所损失的资金，要远远超过在回调中损失的资金。

——彼得·林奇（Peter Lynch）

股市回调即将来临，我保证。

这完全是一句陈述，因为我刚刚用了几千字来谈论选择市场时机是几乎不可能的。那么我为什么又作出这样的预测呢？我这么说只是因为股市随时都在回调。这是确定无疑的。预测这个就像在说"今年某天会下雨"一样。

让我们首先给"回调"下个定义，它意味着股市下跌10%或稍多一点儿。如果市场下跌了20%，我们就称之为"熊市"而不是回调。

回调发生的频率是多少？从1900年起算的话，历史告诉我们，回调大约每年都会发生。所以如果你的年龄是55岁左右，正在阅读这本书，你未来将会经历大约30次或更多的回调。

一旦下跌10%，为什么不退出市场，以避免进一步跌入熊市区间呢？原因在于，大多数回调从未真正步入熊市。从历史上看，平均回调幅度为13.7%。多数回调持续时间不到两个月，平均回调时间也只有四个月左右。只有不到五分之一的回调会变成真正的熊市。

了解了这一点，你就应该明白：无论何时发生回调，都不应该去套现。事实上，一旦市场下跌10%就套现是一个不合逻辑的决定。这意味着你将是典型的在谷底套现的人。想象一下，如果你以这种方式应对哪怕偶尔几次这样的调整，你会把投资搞的一团糟！

预测股市回调和熊市其实是一项竞技运动。有时回调是有原因的，有时则没有，这使问题更加困难。

我们知道，回调时刻在发生。我们也知道，大多数回调不会演变成熊市。我们还知道，历史上的每一次回调最终都会恢复。恐慌和套现是非常荒谬的。数学不支持你，证据不支持你，市场的自然偏差也不支持你——这三样东西凑在一起会摧毁你的投资。观察"市场预测专家"在预测回调时的蠢样儿非常有趣。图1.4显示了"专家"们最近两年预测的一些例子——市场拒绝为他们纠正错误，尽管他们的声明信心满满。让我们来品味一下：

以下是一些市场预测专家在图1.4相应位置时对市场回调的预测：

1."市场回调即将到来"——伯特·杜曼，杜曼资本研究集团，2012年3月7日。

2."股市离回调一步之遥"——本·鲁尼，CNN财经频道，2012年6月1日。

3."10%的市场回调隐现：坚持还是放弃？"——马特·克让兹，今日美国，2012年6月5日。

4."股市一次大幅回调可能导致2013年美国经济全面紧缩"——鲁里埃尔·鲁比尼，鲁比尼全球经济，2012年7月20日。

5."为2013年股市崩盘做好准备"——乔纳森·耶茨，财富早报网，2012年7月23日。

6."'末日博士'2013年预言：鲁比尼称全球经济动荡加剧；五个原因导致"——库吉尔·博拉，国际商业时报，2012年7月24日。

7."提防回调甚至更糟"——马克·赫伯特，市场观察，2012年8月8日。

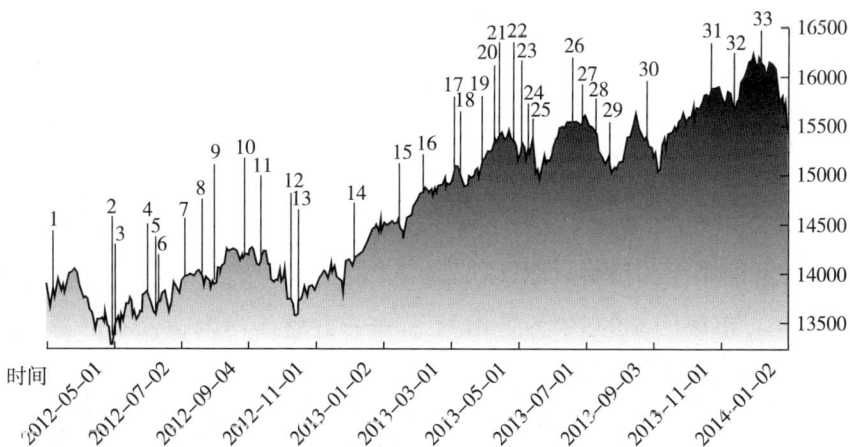

图1.4　市场回调与言论发布时间的对应关系

（资料来源：创造计划财富管理股份有限公司，市场择机者营地。© 2020, Creative Planning, LLC.）

8."我们认为已准备好应对在9月份将出现的8%~10%的回调"——玛丽安·巴特尔斯，美银美林，2012年8月22日。

9．"即将来临：一位专家预测10天内将出现大规模股票抛售"——约翰·梅洛伊，CNBC，2012年9月4日。

10．"警告：股市回调可能即将到来"——海拜赫·优素福，CNN财经频道，2012年10月4日。

11．"我四处奔走并告诉我的对冲基金客户，美国经济正走向衰退"——迈克尔·贝尔金，贝尔金有限公司，2012年10月15日。

12．"对财政悬崖（Fiscal Cliff）的忧虑可能导致回调"——卡罗琳·瓦勒科维奇和瑞安·弗拉斯泰利察，路透社，2012年11月9日。

13．"为什么股市大幅回调即将来临"——米切尔·克拉克，隆巴迪金融，2012年11月14日。

14．"我们将在夏天又一次崩盘"——哈里·丹特，丹特研究公司，2013年1月8日。

15．"股市回调可能已经开始"——里克·纽曼，美国新闻，2013年2月21日。

16．"经济疲软可能预示着回调"——莫林·法雷尔，CNN财经频道网站，2013年2月28日。

17．"我认为市场将出现回调"——拜伦·温，黑石集团，2013年4月4日。

18．"市场迟来已久的回调似乎开始了"——乔纳·比卡斯尔，帕拉贡财富策略，2013年4月8日。

19．"市场回调的5个预警信号"——乔恩·本内特，本内特金融服务集团，2013年4月16日。

20．"股市发出不祥警告"——Sy·哈丁，智慧华尔街报道网，2013年4月22日。

21．"不要买卖风险资产"——比尔·格罗斯，太平洋投资管理公司，2013年5月2日。

22．"现在可能不是冲刺逃离风险的时候，但应该开始着手准备了"——穆罕默德·埃尔艾瑞安，太平洋投资管理公司，2013年5月

22日。

23. "我们很快就会迎来一次回调"——拜伦·温，黑石集团，2013年6月3日。

24. "末日调查：87%的股票年底有崩盘风险"——保罗·法雷尔，市场观察，2013年6月5日。

25. "股票缩水：市场走向严重回调"——亚当·夏尔，今日美国，2013年6月15日。

26. "不要自满——市场回调正在路上"——萨沙·塞柯雷瓦茨，反向投资者，2013年7月12日。

27. "两个月来，我的模型显示，7月19日将是股市大抛售的开始"——杰夫·索特，雷蒙德·詹姆斯，2013年7月18日。

28. "市场回调的迹象已现"——约翰·基梅尔曼，巴伦杂志，2013年8月13日。

29. "回调观察：还有多久？有多糟糕？如何准备？"——凯文·库克，扎克斯网，2013年8月23日。

30. "我认为股市崩盘的可能性很大"——亨利·布罗基特，商业内幕，2013年9月26日。

31. "预期回调的5个理由"——杰夫·里夫斯，市场观察，2013年11月18日。

32. "是时候为20%的回调做好准备了"——理查德·雷西格诺，巴伦杂志，2013年12月14日。

33. "黑石集团的韦恩：股票市场已为10%回调做好准备"——丹·韦尔，财富新闻网，2014年1月16日。

熊市：概述

在股票中赚钱的关键是不要害怕。

——彼得·林奇（Peter Lynch）

熊市即将来临，我保证。

我知道，我刚刚也是这么形容回调的。熊市亦是如此。熊市发生的频率不像回调那么频繁，但也一直在发生。我们对熊市的定义是股市下跌20%或更多。[①]熊市每3~5年就会出现一次，这取决于你了解的历史有多久远。从1900年到2020年有35次熊市，其中自1946年以来有15次。自2000年以来的4次熊市都让投资者感到不安，各种风险都在冲击市场。熊市平均跌幅为31%，超过三分之一的熊市跌幅超过40%。熊市平均持续近一年，大部分分布在8个月到两年之间。

最近的熊市是有记录以来最短的，为33天（见表1.1）。

表1.1　熊市：多久一次，多长时间，有多严重？

年份	持续天数/天	标普500指数下降/%
1946—1947	353	−23.2
1956—1957	564	−19.4
1961—1962	195	−27.1
1966	240	−25.2
1968—1970	543	−35.9
1973—1974	694	−45.1
1976—1978	525	−26.6
1981—1982	472	−24.1
1987	101	−33.5
1990	87	−21.2
1998	45	−19.3
2000—2001	546	−36.8
2002	200	−32.0
2007—2009	515	−57.6
2020	33	−33.9

---

① 10%和20%看起来只是数字，但在现实生活中，当人们体验到它们时，会产生截然不同的反应。如果回调让你感到不安的话，熊市会让你想要蜷缩成一团，哭着找妈妈。

熊市发生的原因不同，但结果总是一样

英语中最昂贵的四个字是："这次不同"。

——约翰·邓普顿（John Templeton）

当许多人都认为市场将长期低迷时，熊市就会出现。即使我们知道每一次熊市最终都将被牛市终结，为什么还有人会恐慌并套现呢？原因在于，每次熊市发生的原因往往与前一次不同。看看最近的熊市，原因包括了科技泡沫、恐怖主义事件、战争、流动性危机和全球性疫情等各种情况。因为每次下跌的原因不同，投资者每次都会恐慌，总想着"这次不一样"。虽然推动熊市的现实原因可能有所不同，但结果总是一样：经济找到了继续前进的道路。每次都是一样，没有例外！下次我们经历熊市时，让自己回顾一下过去80年的经济史，如果经济平稳地经受了这些大风大浪，度过下一个熊市基本没啥问题：

20世纪40年代第二次世界大战

20世纪60年代—70年代越南战争

20世纪70年代—80年代恶性通货膨胀

20世纪70年代—80年代大宗商品危机

20世纪80年代房地产和银行业崩溃

20世纪80年代新兴市场危机

1987年股灾

20世纪90年代亚洲金融危机蔓延

2000年科技泡沫破裂

2001年"9·11"袭击和随后的阿富汗和伊拉克战争

2008—2009年流动性危机

2020年新型冠状病毒大流行

图1.5显示了上述事件对市场的影响。

此外,上述清单也绝不是包罗万象的。在历史进程中,有许多干扰因素会引发预言家们对下一个熊市的预测,无论是美国信用评级下调、"财政悬崖"、预算辩论、选举,或是某天的周期性新闻事件。

单位:点

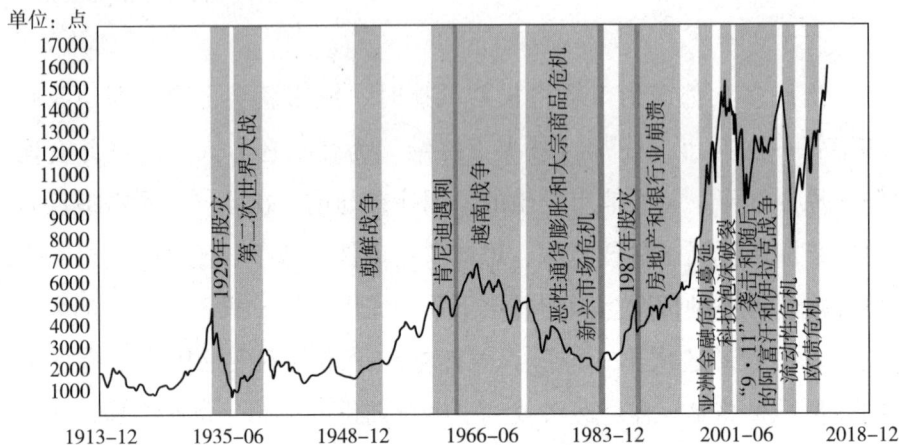

图1.5　经济史上的重大负面事件与股票走势

(资料来源:创造计划财富管理股份有限公司,市场择机者营地。©2020,Creative Planning, LLC.)

熊市不可预测

但问题是:熊市是不可预测的。世上没有人能持续反复地预测熊市。记住,要利用熊市,你需要知道什么时候退出,什么时候再次进场,然后不断重复。我找不到这样的人,你也不会找到的。就像圣诞老人,你可能希望他是存在的,曾经你也非常确信他是存在的,但后来当你了解得足够多,你就知道他只是虚构的而已,虽然你不愿承认,但最终会接受这个现实。就像圣诞老人一样,许多人东奔西跑假装自己就是那个你非常想相信存在的人。①

---

① 我确信,因为本书开篇的图表,相信圣诞老人存在的读者已经被排除在外了。

熊市"转向"时会让场外旁观者看傻眼

现在，你可能承认自己不可能正确地反复进出股市，但你可能会想："我至少可以先离场，等市场稳定下来，然后再进场，这样只错过一小部分恢复期收益。"可是，这样做似乎是不可能的。当熊市被牛市取代时，通常有几个开始的假象，当市场真正"转向"时，往往非常迅速而激烈，让大多数择时者来不及反应，表现得呆若木鸡。表1.2说明了这一点。

表1.2　熊市末尾、接下来的12个月（标普500）

熊市末尾	接下来的12个月（标普500）
1949-06-13	42.1%
1957-10-22	31.0%
1962-06-26	32.7%
1970-05-26	43.7%
1974-10-03	38.0%
1982-08-12	59.4%
1987-12-04	22.4%
2001-09-21	−12.5%
2002-07-23	17.9%
2009-03-09	69.5
2020-03-23	N/A

市场是波动的——习惯这一点

市场会衰退、市场会下跌。如果你不知道这将发生，你很难在市场中如鱼得水。

——彼得·林奇（Peter Lynch）

有时市场一整年都没有出现回调或者熊市，有时市场在年终会有一个稳定的收益，而且从事后来看，还相当容易。但这种情况很少发生，因为市场交易的区间很广。自1980年以来，虽然市场平均年内跌幅为13.8%，但在这40年里有30年的年回报率都是正的！（参见图1.6）市场波动很大。接受它、拥抱它、学会爱它。如果你都做不到的话，至少要习惯它。

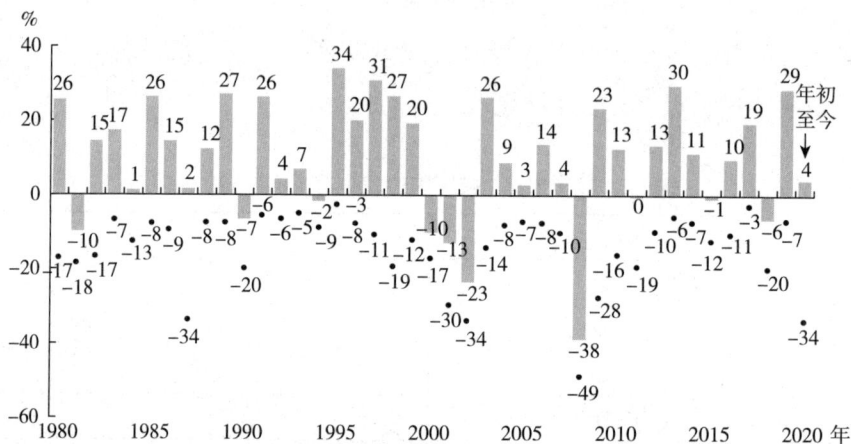

图1.6 标准普尔500指数年内跌幅VS.历年回报率

（资料来源：标准普尔数据；Fact Set金融数据；摩根大通资产管理中心）

你不能等待消费者情绪回暖

牛市脱胎于悲观。

——约翰·邓普顿（John Templeton）

你不仅不能等待市场"安定下来"，你也不能用消费者信心作为一个指标。你可能会注意到，在熊市期间，评论人上经常谈论"消费者信心"。他们这样做是因为消费者在很大程度上推动着经济。如果消费者信心不足，他们可能就不会花钱。如果消费者不花钱，那么企业就赚不到钱。如果企业不能赚钱，市场可能就不会复苏。这一串想法是不正确的，主要是因为市场不关注"今天"，而是"明天"。市场不太关心目前的经济状况，而更关心未来的发展方向。

牛市往往诞生在投资者对未来前景感到最糟糕的时候。密歇根大学定期测量消费者信心。图1.7显示了每次消费者信心低于60%时，股市在接下来12个月的表现。[①]

1974年	+37%
1980年	+32%
1990年	+30%
2008年	+60%

图1.7　消费者信心指数＜60%；接下来12个月（标普500）

学会接受熊市

如果你的年龄是55岁，在你的生命里你至少还会经历7次左右的熊市。你真的愿意每次都恐慌不已吗？又或者你每次都要在其中苦谋出路吗？不，你不想，因为你现在知道得更多了！所有熊市都有一个共同之处：它们百分之百会被牛市取代。不是50%，不是75%，甚至不是99%，而是100%！可为什么还有那么多人在这样的概率下乱来呢？这没有道理。遗憾的是，对大多数人来说，投资不是常识，而是关于情绪和掌控感。稍后我会详细介绍。

错误估计选择市场时机的风险

我们现在已经认识到，选择市场时机是愚蠢的，是行不通的。

[①] 我的孩子们喜欢玩"说反话游戏"，即说与你想表达意思相反的话。许多旨在帮助投资者的市场信息，如消费者信心数据，实际作用与评论员引用其的目的相反。我们将在本书后面涉及晨星评级的案例中看到更多这类情况。

你可能会想，"这有什么大不了的？如果我更愿意为了安全而错过一些收益呢？"这是反对投资的主要理由而非反对市场择机。答案很简单。退出市场的风险远远大于入市的风险。

假设你有25000美元，你正在决定是现在投资，还是等待某些使你感觉投资时机更为合适的事件发生。如果你把所有的钱都投资在一只派发股息的股票上，会发生三种情况之一：市场会上涨（万岁！），会横盘（很好，你会得到股息！），会下跌（仍然不是什么大问题，因为这是暂时的）。如果下跌，我们还会知道两件事：第一，你会得到股息，这比你从持有现金中得到的要多；第二，市场会回升。下跌只是暂时的，没什么大不了的！

现在，如果你持有现金等待。市场同样可以做三件事：上涨（你没有如此聪慧的眼光以至于损失了很多收益）、横盘（对不起，没有股息，因为你手里的是现金）、下跌（如果你今天都不敢入场的话，你会在回调的中期入场吗？对自己诚实一点，我们都知道答案是"不会"！）。那么现在，问题来了。如果你持有现金而市场上涨，你可能永远失去了抓住上行的机会。例如，道琼斯指数从20000点左右迅速升至29000点左右。是的，它可能会下跌，但它会回到20000点吗？也许会，也许不会。一方面，如果它不回到原先的水平，坐拥现金的投资者将永远无法再获得这部分回报。在场边观望往往会导致永久性失去上涨的空间。另一方面，如果有人今天投资，最糟糕的情况可能是暂时的下跌而已。大有区别！

但如果我是完美的呢？

总有人认为他们可以是完美的，所有的数据和证据都不适用于他们，他们可以找到一种方法让自己的设想成为现实。让我们来看看，如果"那个人"是完美的，他的境况会变得多好。如果一名投资者每年有2000美元现金可用于投资，持续20年，嘉信理财金融研究中心（Schwab Center for Financial Research）评估了5个不同决策下他可以获得的收益：

1. 持有现金。

2. 每次立刻投入全部资金。

3. 一年中将现金平均投入市场，即每个月投入1/12。

4. 不幸地将所有的钱都投资在每年最糟糕的一天（即在每年市场最高的一天买入）。①

5. 幸运地把钱都投资在每年最好的一天。②这就是我们所谓的"完美先生"。他总能先持有现金，等到市场每年跌到最低点时，然后把所有的现金都投进去。

结果显而易见（参见图1.8）。

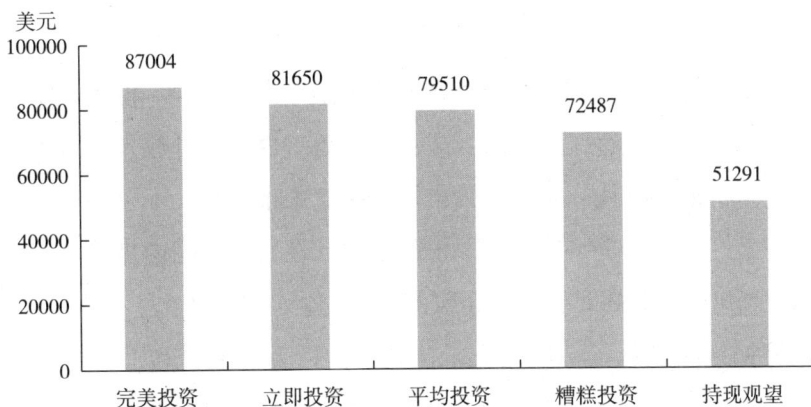

图1.8　截止日的财富（1993—2012年）

（资料来源：《选择市场时机有用吗？》（*Does Market Timing Work?*）作者：马克·W.里佩（Mark W. Riepe），Schwab.com，12月16日。©2013，Charles Schwab & Co., Inc.）

完美的择机者最终获得了87004美元，紧随其后的第二名是那个一拿到钱就立马进行投资的人。

---

① 哇，这个人真倒霉，或者不倒霉？

② 我爱死这个家伙了，可是这样的人并不存在。尽管他竭尽全力地试图使你相信他是真实的。

假设你同意，你做不到把所有的钱都投在这20年里每年最好的一天，马上投资似乎是一个不错的主意。其他的投资方式都导致了不同程度的损失。失败并不好玩，尤其是当我们很容易就能成功的时候。

一次性大额投资与平均投资

在上一节中，我们讨论了如果你每年都有收入，为什么应该一次性投资，而不是分散投资。但你可能有这样的想法：如果我们谈论的是一大笔钱，建议就会不同了，对吧？应该用平均投资法而不是一次性投资法来分散风险，不是吗？毕竟，这是金融专家和顾问们反复提出的一个普遍建议，即大额资金分散投资。然而，答案是否定的。尽管这种想法也有一定的心理学道理。我们一会儿将会讨论。

首先，什么是"一次性大额资金"？它是指一次性得到的一大笔钱，例如大笔的现金继承、出售企业或房地产的收益、一份大礼（很幸运）、彩票中奖（超级幸运），或百年难得一遇的意外收入。一次性大额投资是指把这些钱一次性投入市场。听起来很疯狂，不是吗？常识告诉我们最好的方法是平均投资。也就是说，在一段时间内将资金陆续投资到市场里，例如每月投资总金额的1/12，连续投资12个月。

先锋集团进行了一项研究来比较一次性大额投资和平均投资。他们举了一个例子，一个投资者有100万美元的现金用于投资，并最终希望投资于60%股票/40%债券的投资组合（简称为60/40投资组合）。研究人员比较了一次性大额投资与时间跨度为6个月、12个月、18个月、24个月、30个月和36个月的平均投资。他们还考虑了包括美国、英国和澳大利亚在内不同国家市场可能产生的不同结果。然后他们研究了这两种策略在10年滚动周期内产生的收益，并一直回溯到了1926年。他们也在100%投资于债券到100%投资于股票区间的各种配置比例的投资组合中重复了这项研究。

结论是明确的，对于一个持有60/40投资组合10年的投资者而言，在67%的情况下，一次性大额投资比12个月平均投资赚到了更多的钱。这个结果在三个国家都是一致的（参见图1.9）。

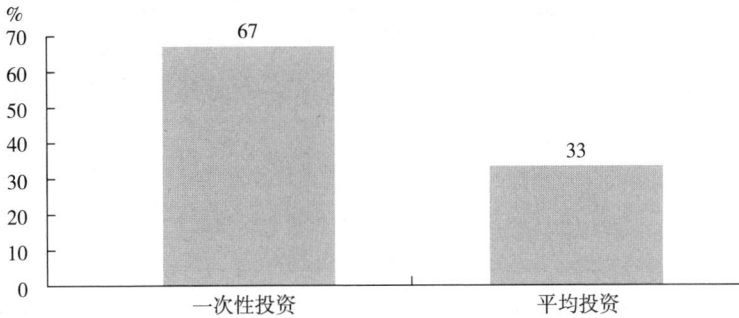

（a）美国（1926—2011年）

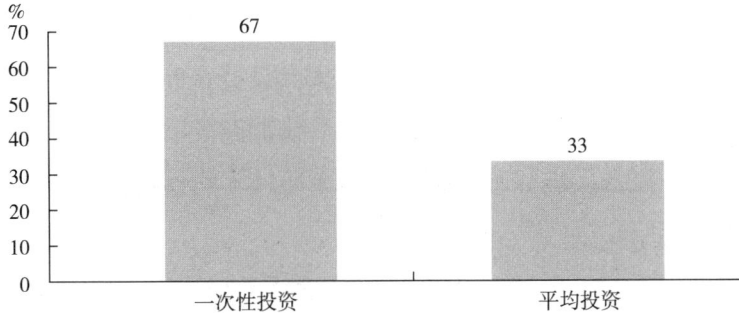

（b）英国（1976—2011年）

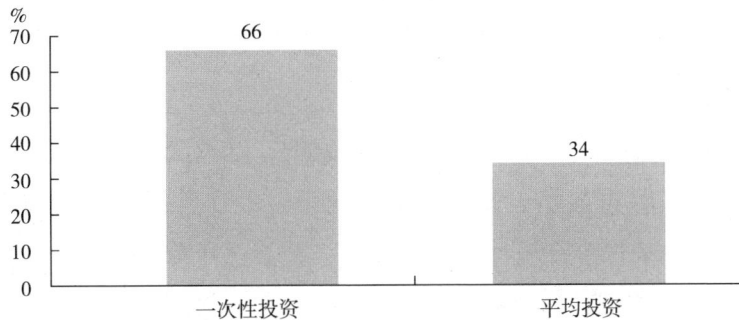

（c）澳大利亚（1984—2011年）

图1.9　基于10年周期的每个市场收益

（资料来源：施泰克曼，塔索普洛斯和维默尔（Shtekhman，Tasopoulos和Wimmer），《平均投资只是意味着以后再冒险》（*Dollar-Cost Averaging Just Means Taking Risk Later*），先锋研究，7月，©2021，The Vanguard Group，Inc.）

此外，与更加长期的平均投资相比，一次性投资的优势甚至更加明显（参见图1.10）。

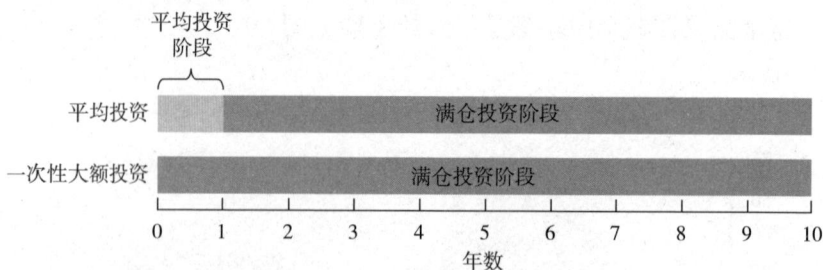

图1.10　投资仓位及投资时长对比

（资料来源：施泰克曼，塔索普洛斯和维默尔（Shtekhman，Tasopoulos和Wimmer），《平均投资只是意味着以后再冒险》（Dollar-Cost Averaging Just Means Taking Risk Later），先锋研究，7月，©2021，The Vanguard Group，Inc.）

例如，就美国市场而言，一次性大额投资在90%的时间里比36个月平均投资表现得更好。最终，所有的钱都被投资了，并且大部分时间都是满仓投资。唯一不同的是投资者通过平均投资进入市场的时间长度。

那么，为什么一次性大额投资在大多数时候比平均投资表现得更好呢？答案很简单：随着时间的推移，债券和股票的表现比现金要好，而平均投资让投资者在明明可以获得收益的时期持有了一部分现金。

这是否意味着一次性投资总是最好的？这取决于一个关键因素：你。的确，数据显示，在大多数情况下，一次性投资比平均投资更好。然而，某件事在统计上是正确的，并不意味着它就适合你。这其中有一个重要因素：后悔。

我们都很熟悉后悔。我们可能会后悔说过或没说的话，后悔冒过或没冒的险，后悔做过或没做的决定。[①]心理学家广泛研究了后悔对决策的影响，并且研究已扩展到投资领域的行为心理学。

影响投资者的一大因素就是害怕后悔——不论是潜意识还是全意

---

① 现在，我后悔又吃了一份冰激凌。

识都阻止我们做出行动：当股票上涨时不敢卖出——如果我卖掉它，它可能仍然上升，我会后悔的；在股票下跌时也不敢卖出——如果我卖掉它，它可能会反弹，我会后悔的；不敢在市场处于历史高点时买进——如果我买进，它可能会下跌，我会后悔的。对后悔的恐惧驱使我们作出很多决定，这也是影响投资者行为的一个普遍因素。假设一件人生大事留给你大量的钱可用于投资，你因此面临选择一次性大额投资还是平均投资的决策问题。如果你是那种"玩"统计的人，不会对市场波动产生情绪，也不会因投资的第二天市场崩盘而感到后悔，那么一次性大额投资很适合你。你也可能因此受益。

然而，如果你是那种在市场事件发生后（如闪电崩盘、科技泡沫、"9·11"事件、金融危机、欧债危机等）第二天就会惊慌失措的投资者，那么就把资金分散一点儿，在六个月左右的时间里缓慢投入。你很可能会错过一些上涨的机会，但你也更有可能避免后悔并坚持投资计划。最后，最重要的是把钱投进去——这占投资这个游戏全部的90%，剩下的10%是尽可能快。

如果你打算平均投资，那就制定一个日历并按照计划进行投资。例如，在每个月的第一个星期一投入1/6的资金，直到把钱投完。否则，你可能会陷入投资瘫痪陷阱，每个月都要视你对市场的感觉而定，甚至有时候停止投资，这就成了一个失败者的游戏了。统计数据表明应该一次性大额投资，如果担心后悔或者愿意放弃一部分收益以避免短期冲击的话，投资者可以考虑平均投资。但无论如何，都应该有一个投资计划并坚持下去。

学会飞翔

我正在学习飞翔，但我没有翅膀。

——汤姆·佩蒂（Tom Petty）

到了鸟儿需要离开巢穴的时候了，跳起来，学会飞翔！许多投资者以前也曾这样尝试过，但都以"脸先着地"告终。所以他们回到巢中，挣扎着寻找时机再次"起飞"。

如果我们回顾历史，会发现股市从来没有从任何人那里拿走一分钱。有些人压根不知道自己在做什么，只是在过去的10年、20年或30年里买了标普500，就获得了巨额利润。然而，也有一些投资者由于在投资组合上犯了错误，或者雇佣了在市场择机或股票选择上犯错的投资顾问，而损失了大量的资金。大多数人很难相信的一点是，如果他们在历史上的任何一个时间点买进股票并持有至今，他们将比持有现金更加富有。

让我们来看看最不幸的投资者：

某人在1987年股市崩盘前投资：标普500指数334点；

某人在20世纪90年代初的经济衰退前投资：标普500指数363点；

某人在"9·11"事件前一天投资：标普500指数1096点；

某人在2007年股市高点投资：标普500指数1526点。

某人在新冠病毒引起市场恐慌前一天投资：标普500指数3357点。

所有这些不幸的人都比待在巢里等待"合适时机"起飞的那只鸟表现好得多。截至2021年2月，标普500指数达到3773点，这还不包括股息或分红。而从2007年以来，派发的股息或分红平均股息率超过了2%，相当于标普500指数再增加了516点左右。即使是那些在最糟糕的时刻进场的投资者，收益也远远领先于那些持现坐等投资环境"安定下来"的"投资者"。

许多人被"市场正处于历史高点"这样的头条新闻吓到了。这种说法通常没错，但市场总是再创新高。如果你一听就不敢入场了，那么你很有可能永远都不会坦然面对股市。

当然，回应这一争议的答案永远是，在市场回调或崩盘之后进场是更好的。然而，没有人知道回调或崩盘何时会发生，或者更重要的是，市场在回调之前会涨到多高。如果道琼斯指数从25000点涨到26000点，然后又跌回25000点，你在这种情况下持有现金，除了错过股息还有什么收获？此外，我还没有发现哪位投资者对道琼斯指数25000点感到紧张，但对投资道琼斯指数23000点感觉超级棒。如果你在市场太好时对投资感到紧张，那么当市场不太好时，你也不会感到多开心。

对于理性的投资者来说，投资的最好时机就是现在，因为昨天已不复存在。当你拥有知识作为翅膀时，你已经准备好跟市场一起飞翔。

避免错误1——选择市场时机

大量证据表明，选择市场时机并不奏效。学术研究证明了这一点，基于投资经理人的实证研究也证实了这一点。大众、媒体、经济学家、投资经理都在犯错，其他所有人也不例外。

选择市场时机非黑即白，就像套现和进场。人们通常都在选择市场时机，却没有意识到这一点（"我会一直持有奖金，直到市场稳定下来。"）。有时，基金经理或投资顾问会使用一些隐晦的语言来推销市场择机，比如"资产类别轮换""下行保护""战术性资产配置""风格轮换"或"行业轮换"。这都是在选择市场时机。识别它是保护自己远离这种错误的一大手段。

回调将会到来，熊市也一样。不管你有多焦虑，或者市场看起来有多糟糕，熊市最终总会被牛市取代。在你的一生中，回调和熊市会发生很多次，你无法预测它们，如果你试图通过操作来避免，只会对你的投资组合有害无益。

如果一个投资顾问试图向你推销这些策略，你可以跟他说"再见"了，然后继续寻找其他的顾问。如果你目前正在为这些策略支付费用，你要知道，你是在心甘情愿地花钱来提高投资不佳的概率。研究表明，专业人士做不到择机投资。大概率上，你、你的朋友或你的顾问也做不到。

错误 2　主动交易

2019年，美国有7945只共同基金和3400多只对冲基金，其中许多基金都在交易美国股票。除此之外，主动管理的交易型开放式基金（ETFs）、成千上万的独立管理账户经理、经纪人和投资顾问也在交易美股，再加上每天全世界数以千万计的普通人同样也在交易美股。大量的人参与到这场交易中。那么，你可能会问，这些人在交易多少只美国股票？

也许是10万只在交易所上市的股票？不对。那么是25000只上市股票？还是不对。事实上，在公开交易所上市的公司不到4400家！是的，没错。数以万计的专业人士，加上数千万的普通人都在交易这4400只左右的股票。

这听起来很愚蠢——实际上也的确如此。让我们想象一下几千万人在同一个地方来回交易几千件东西的画面，这十分荒谬。然而，这就是每天都在股票交易所发生的主动交易。

如果我们把交易所上市的这4400只左右的股票合并成一个投资组合，就会产生组合收益，称为市场收益。常识和基本算法告诉我们，如果人们在这个投资组合内进行交易，与市场回报相比必然存在赢家和输家。这就是问题所在。交易不是免费的——人们总是要付出成本。这意味着这里存在"庄家"，就像拉斯维加斯里的赌场一样，庄家总能赢。无论如何都能得到收益。这些庄家可能是美林证券（Merrill Lynch）、瑞银集团（UBS）、爱德华琼斯公司（Edward Jones），或其他数百家经纪公司之一，庄家总归是有的。根据游戏规则，输家的数量必须比赢家多，并且赢家赚的钱必须足以覆盖他们的交易成本。

别急，不仅如此，赢家还必须纳税，这导致许多赢家落入了输家的行列。替你们感到遗憾，这些兄弟。

那么，那些赚的钱足以覆盖交易成本和税款的赢家怎么样了呢？好吧，没有证据表明赢家始终是赢家。然而，正如我们将看到的，有大量证据表明：过去的赢家通常不会成为未来的赢家，大多数赢家最终都会成为大输家。这种情况是由多方面原因造成的，例如一些赢家只是依靠运气，或者他们承担了超额风险，但后来同样的超额风险适得其反，又或者他们犯了本书中列出的众多错误之一。

时间几乎扼杀了所有的赢家。随着时间推移，股票交易游戏中的赢家往往会变成输家。

一项研究表明，在多个以20年为重复的周期内，持有且从未交易的由 500 只最大的股票组成的投资组合，其收益会超过 80% 的主动交易者。这种情况是由多重原因造成的，现在我将讲述这些原因，来帮助你永远摆脱股票交易游戏的诱惑。这种游戏专业玩家不能赢，你也不能赢。这是给傻瓜玩儿的游戏，而你不是傻瓜。

主动交易的历史

历史不会重演，但总会惊人的相似。

——马克·吐温（Mark Twain）

1928年1月1日至1932年7月1日，阿尔弗雷德·考尔斯（Alfred Cowles）研究了交易者打败市场的能力。他回顾了16家金融服务机构在四年半的时间里的7500只个股选择。他发现专业人士选择的股票收益低于市场表现1.43%。换句话说，只买一堆股票，什么也不做，结果会好得多！考尔斯接着分析了最优秀选股者的业绩，得出的结论是他们的成果归因于运气而非技术（这个话题稍后会有详细的介绍）。

1928—1931 年，考尔斯还研究了 20 家保险公司的股票选择，发现它们的收益平均低于市场表现1.2%。在分析获胜者时，他发现成功者并非因为技术取得成功，而是出于偶然。

近 100 年后，一项又一项的研究验证了考尔斯的研究结论。无论多么专业、昂贵或复杂的主动型股票管理模式，长期来看总是难以超越市场收益。

主动投资经理输给了指数

主动交易不复存在。这不是你最近在美国消费者新闻与商业频道所听到的。

时事通信输给了指数

许多投资通讯提供关于市场时机选择的建议。正如我们在第一章中讨论的，这些通讯的效果并没有那么好。提供选股建议的通讯同样也表现不佳。一项又一项的研究表明，大多数时事通信甚至无法存活十年。整体而言，幸存下来的都输给了市场，而击败了市场的，却无法继续战胜市场。尤其有趣的是马克·赫伯特根据以往表现提出的"孤注一掷"的观点。回顾 1986—2006 年，赫伯特发现，如果你在 1985 年拿出 100 万美元，按照上一年度最受欢迎的时事通信的建议进行投资，并在此后16 年中重复这一策略，这些钱最终将变为 365 美元，或是说平均每年亏损31.4%！一家时事通信在某一年的选股建议比其他家的都更好，并不意味着下一年你应该将更多的钱投入这家的推荐中！

主动型共同基金输给了指数

通常而言，被动型指数会优于主动型基金。以往如此，将来也会如此——在投资这个具有不确定性的领域中，这一定律就如同夜以继日一样确定无疑。

——约翰·博格尔（John Bogle）

首先我们需要澄清一件事。投资界对于被动型管理（即持有市场指数）是否优于主动型管理（即在特定市场交易股票）一直存在激烈的争论。例如，美国大盘共同基金经理的业绩经常拿来与著名的美股大盘指数标普500指数进行比较。同样，一个国际基金经理的业绩可能会拿来与摩根士丹利欧澳远东指数（MSCI EAFE）进行比较。每个主要市场都有一个指数（即一个大的股票样本）可以用来评估基金经理的业绩。关于被动管理与主动管理的争论十分激烈，但不合逻辑。总体而言，被动型的指数投资轻松胜过主动型投资管理。这是事实，而非观点。有些人想讨论是否会有部分主动型基金经理能赢过指数，这点我们稍后会谈到。现在，让我们列举一下证据。

主动管理型基金的目标是跑赢基准。这些基准包括标普500指数和其他指数。得益于大量跟踪业绩表现的数据，许多研究人员已经开展了这方面研究。标普道琼斯指数（S&P Dow Jones Indices）每年都会发布一份报告，将主动管理型基金与其各自的基准进行比较，结果毋庸置疑。2019年，超过64%的大盘基金经理表现逊于标普500指数，这已经是连续第九年多数大盘基金落后于该指数了。即使再往前追溯，情况也不会比这更好。过去10年间，该比例为85.1%；过去15年间，该比例达到91.6%。业绩差距不仅局限在大盘基金经理身上：过去10年间，85.7%的小盘基金经理和88%的中盘基金经理的表现同样低于各自的基准。

报告最后得出了明确的结论："长期来看，在所有类别中，至少80%的主动型基金经理业绩表现低于各自的基准。"

幸存者偏差（共同基金的表现甚至比数据显示的还要糟糕）

如果你算一算共同基金行业扣除费用和税款后的总账，并根据幸存者偏差原则进行调整，那么他们最终战胜市场回报的可能性渺茫……相比将钱放在指数基金中，共同基金投资10年的税后收益每年要低4.5%。

——耶鲁大学首席投资官大卫·斯文森（David Swenson），2005年接受《华尔街日报》记者汤姆·劳里切拉（Tom Lauricella）采访时表示。

业绩持续欠佳的共同基金往往面临被关闭的结局。这里不是指不接受新的投资者，而是指被彻底关停，甚至可以说"死亡"。根据标普道琼斯指数的基金经理报告，2004—2019年，57%的美国国内股票基金和52%的固定收益基金被合并或清算。不出所料，人们发现业绩不佳是导致共同基金关闭的主要原因。因此，基金经理的业绩比数据显示的更糟糕，因为数据只统计了仍在运作的基金的业绩。如果将已经终止的基金重新纳入统计，情况会变得更糟。

那会如何？这样的统计机制将那些已经终止的基金从投资者的决策参考数据库中剔除了。幸存者偏差导致表现最差的一批基金看起来似乎根本不存在。例如，晨星公司的投资规划软件"Morningstar Principia"跟踪共同基金表现时，将已经终止的基金从筛选中剔除。在一项综合研究中，研究人员将1995—2004年所有终止的基金纳入统计后发现，晨星公司42个基金类别中的41个跟踪结果与研究结果存在差异，10年中每年相差1.6%。这意味着，业绩表现本就低于其对应的指数基准的那些主动管理型共同基金，每年的实际业绩比数据显示的结果还要低1.6%！

在另一项研究中，研究人员考察了1998—2012年美国的1540只主动管理型共同基金。研究发现，这些基金的存续率为55%，而存续下来并表现出色的基金仅占18%（见图2.1）。

这带来的启示是十分直观的。数据表明，共同基金的业绩表现低于各自的基准指数，而且数据实际上不能准确地显示业绩不佳达到何种程度。①

---

① 令人惊愕的是，这些数据没有将关停的基金包括在内。想象一下，你参加了一个10人比赛，你得了第一名，但一半的参赛者体弱到根本无法完成比赛。我们会宣称你打败了9个人，而非4个人。当一支球队赢得职业棒球联赛时，我们会说这只球队赢了所有队伍，包括未进决赛的队伍，而不会说他们在两支球队中取胜。除了投资经理，其他人都明白这个道理。

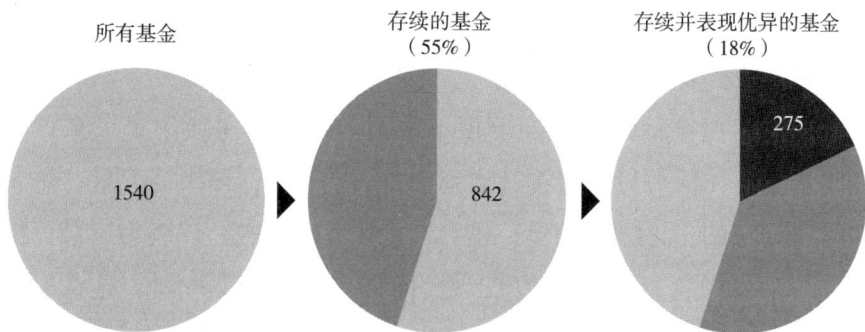

图2.1　1998—2012年，1540只主动管理型美国股票基金的命运

[资料来源：布莱恩·维默尔（Wimmer, Brian R.），桑迪普·贾布拉（Sandeep S. Chhabra）和丹尼尔·沃里克（Daniel W. Wallick），《坎坷的优异业绩之路》（*The Bumpy Road to Outperformance*），先锋领航集团，2013年；数据来自晨星公司]

获胜者如何？赢家如何？

不要大海捞针，而是要拥有整片海洋！

——约翰·博格尔（John Bogle）

任何时候都有人能成为赢家。虽然大多数共同基金常输给指数，但也有一些战胜了指数。但问题在于，它们往往不能持续保持良好的业绩表现。因而随着时间推移，共同基金总是将陷入业绩不佳的深渊。

2000年最热销的50只共同基金就是很好的例子。之后五年，这些共同基金平均损失了42%，只有两只基金能够赚钱。

最大的50只共同基金损失没有那么严重：它们在同一时期"只"损失了15%。在此期间，标普500指数涨幅刚刚超过1%。相反，在截至2000年3月的过去12个月中，赎回率最高的50只基金平均收益为21.4%[①]。投资者从业绩较差的基金中抽出资金，转身投入"较热"

---

① 投资者的耐心少得令人惊讶。他们在基金复苏前离开，在基金暴跌前进入，如此周而复始。

的基金。不幸的是，这些被抽资最多的基金后来的业绩明显优于那些"较热"的基金。

让我们更全面地了解一下根本原因。晨星公司使用星级来评估共同基金。如果一只基金在其类别中排名前10%，评级为五星；排名10%~32.5%的，评级为四星；排名32.5%~67.5%的，评级为三星；排名67.5%~90%的，评级为两星；最后的10%，评级为一星。这么来看投资相当容易，如果一只基金被评为五星，我们就应该毫不犹豫地买入，不是吗？不要这么快做出决定。

通过分析1993年6月至2012年12月的数据，先锋领航集团绘制了共同基金在获得星级评级后36个月的业绩（见图2.2）。

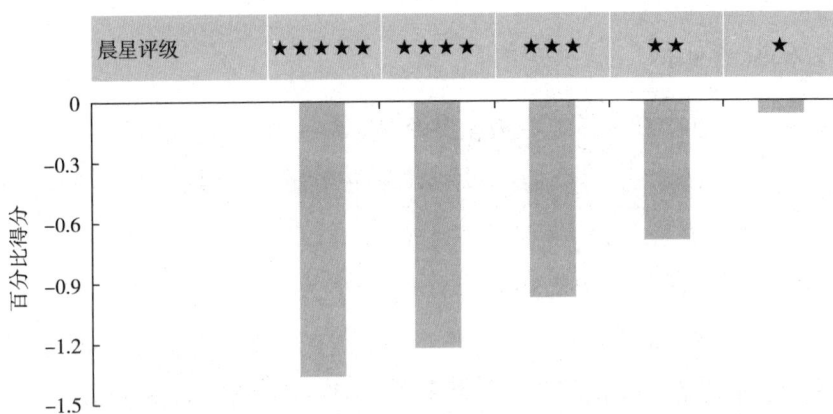

图2.2　晨星评级后36个月基金业绩的中位数与所属类型基准的对比

[资料来源：《先锋领航的成功投资原则》（*Vanguard's Principles for Investing Success*），先锋领航集团，2013年）]

获得五星评级的共同基金表现最差，而获得一星评级的共同基金表现反而最好。星级评级实际上发挥了事与愿违的作用。根据这项研究成果，我们得出结论：投资者选择一星评级的共同基金，更有可能获得优异的回报！

从统计学上讲，在成千上万的职业经理人中，肯定会有一些人表现出色。有时这部分经理人的业绩出色是因为他们承担了超额风险，在这种情况下，这些风险往往会反过来给他们造成困扰。总体而言，短期内取得的优异业绩通常是靠的运气或因为经理人承担了超额风险。运气最终会用完，风险也最终会显现。投资界有一条免责声明："历史业绩不代表未来表现。"原因在于历史业绩根本不是预测未来业绩的指标。

不幸的是，典型的投资者对此无法理解。当整个行业、投资经理和媒体都在不断宣传基金近期的优异表现有重要含义的情况下，他们如何独善其身。然而这对典型投资者而言，后果是相当严重的。还记得四星和五星评级的基金未来业绩最差吗？2000—2010年，四星和五星评级的基金吸收了所有新投入共同基金的资产的72%。这种模式还在继续，投资者可能会继续采取捷径来评估投资，而这带来的危害远远大于好处。

对冲基金输给了指数

我想付更多的费用，交更多的税款，放任我的投资，对我的钱的境况一无所知并且获得低于平均水平的回报。

——从来没有人这么说过

2008年，沃伦·巴菲特与门徒对冲基金公司（Protégé）的合伙人泰德·赛德斯（Ted Seides）打了一个为期10年的赌。巴菲特和赛德斯以100万美元为赌注，约定输方要将赌注支付给对方所喜爱的慈善机构。巴菲特断言对冲基金不能战胜市场，而赛德斯则认为肯定可以。巴菲特十分自信，他不但没有要求赛德斯将整个股票市场与整个对冲基金市场进行比较，甚至让赛德斯自己挑选对冲基金。换句话说，这是一场拥有一篮子固定股票的标普500指数和赛德斯精心挑选的五只对冲基金（百里挑一的最佳基金）之间的赌约。门徒对冲基金公司的网站声称，对冲基金在承担较低风险的情况下战胜了市场。[①]巴菲特认为

---

① 我希望你的意识仍开着警报器对基金进行鉴别。对冲基金的销售人员极其过分地把"垃圾"包装成"糖果"，再将其出售。

这种说法是荒唐的，并表示对冲基金无法证明其费用的合理性。

我赞同使用多种资产类别，包括股票、债券、房地产、大宗商品和一些公开交易的另类投资品。但是，在投资组合中不应该有股票对冲基金的位置，即投资股票市场的对冲基金。原因有很多，主要是：投资对冲基金大幅增加投资失利的概率。这句话可能与你听到的关于对冲基金的大部分言论相矛盾，所以让我们看看现实到底如何。

对冲基金是提供给从事各种活动的合格投资者的私募基金。部分对冲基金是由"事件驱动"的，即他们试图基于诸如战争、石油短缺、经济动向等重大事件获得市场优势。有些对冲基金是做多或做空的，即他们押注于一些股票上涨或者下跌。有些对冲基金使用衍生品和期权，还有一些使用杠杆（借钱投资）。许多对冲基金的主要目标是提供股票市场回报，或以更小的波动性提供更好的回报。

我从不运用股票对冲基金，因为我很清楚什么是基金未来业绩表现的真正驱动因素，而对冲基金在每一方面都存在劣势：税负、费用、风险管理、透明度和流动性。

第一，对于高净值人士，在资产配置之后，衡量未来业绩的首要指标是投资的税负效应。如果投资是在税负账户而不是个人退休账户或养老金账户之类的税负优惠账户，目标应始终是减少税负。然而，对冲基金却做了相反的事情：相比指数基金，几乎所有的对冲基金经理都通过主动交易给投资者带来了更大的税负冲击。这是第一击。

第二，大多数对冲基金的收费标准高得离谱，无论投资组合是上涨还是下跌，基本是每年1.5%~2%的管理费，外加20%的利润分成（如果有利润的话）[1]。鉴于费用是衡量未来业绩的重要指标之一，我们将其称为第二击。

---

[1] 这是一个很大的假设，因为对冲基金的失败率非常高。稍后会有更详细的介绍。

第三，当我们讨论对冲基金经理如何获得报酬时，会有趣地发现基金经理是有很强的动力用你的钱去冒巨大的风险。基金经理无论亏盈都能得到2%的报酬，外加巨大的利润分成。如此一来，他们有什么理由不来冒冒险呢？一只对冲基金上涨30%，使基金经理成为亿万或十亿万级的富翁，然后该基金在一年后暴跌，这名经理却不会受到任何负面影响，这种情况并不少见。该幕在2012年就曾上演过，上一年的顶级经理人亲眼见证他的基金因业绩糟糕，损失了近一半的价值。对这位在前一年赚了几十亿美元的经理来说，这样的结局着实尴尬。他一般会克服这样的窘境。而我宁愿了解特定投资组合中的风险并自我掌控。这是第三击。

此外，对冲基金在任何时候都不需要定期披露其持有资产和投资策略。因此，投资者往往不知道他们拥有什么，也不知道某一时期所面临的风险，他们必须等待报表去了解实际情况。我是透明度的忠实信徒，任何时候人们都应该知道其资产和投资的情况，并保留采取适当行动的灵活性。①

最后，对冲基金缺乏流动性。对冲基金投资者通常需要等待"窗口"开放来赎回他们的资金。指数能够提供流动性，因此投资者可以随时退出仓位。为什么人们明知对冲基金将使他们缴纳更多的税款、支付高出100%甚至500%的费用、对风险更难把控、失去透明度，同时失去随时退出的权力，却还会有人投资对冲基金？答案其实很简单：业绩。

此处有一个问题：对冲基金的业绩神话实际上并不是神话，而是谎言。

2004年以来，瑞士信贷集团（Credit Suisse）通过其资产加权对冲

---

① 对冲基金这种投资方式已经三振出局了，因此没有必要继续计算击球次数了。译者注：三振出局是棒球或垒球运动的术语，指球员三击不中而出局。

基金指数（AllHedge Index）①跟踪对冲基金策略的表现。随着时间的推移，受欢迎的对冲基金策略表现如何？简言之：表现不好。自研究开始以来，标普500指数的业绩表现平均每年超过对冲基金7.5%，近年来二者差距进一步加大，按1年和3年的时间周期分析，平均来看该指数业绩分别高于对冲基金21.94%和14.52%。

　　投资者应该谨记，大多数对冲基金表现很差，甚至无法存续。对冲基金研究报告显示，2014年以来，已有4000多只基金终止，每年终止的基金超过新开设的基金。截至2019年11月，由于对冲基金回报不佳，投资者已从中撤走815亿美元。富达麦哲伦（Fidelity Magellan）前基金经理杰夫·维尼克（Jeff Vinik）在盈利略高于4%时，关闭了自己的基金，并将资金退还给投资者。你可能会想，"那最好的对冲基金呢？"最好的对冲基金往往是那些暴跌最惊人的基金。美国长期资本管理公司（Long Term Capital Management）的经营者曾获得诺贝尔奖，它一度被认为是当时最伟大的对冲基金。该基金在1998年一夜崩盘，随后几乎拖垮了整个市场。沃伦·巴菲特（Warren Buffett）曾多次表示，对冲基金是荒谬的投资品。他在谈到美国长期资本管理公司的失败时说："他们的平均智商可能相当于这个国家任何16个人同时从事同一个工作时的智商……这个团队中的聪明人实在是多到让人难以置信。而这16个人在他们从事的领域加起来总共有相当于350~400年的丰富从业经验。现在把这些丰富的从业经验和高智商结合起来，再抛出第三个因素：他们中的大多数人实际拥有他们这一行业全部巨额净值……然后他们基本上都破产了……这让我难以置信。"

---

　　① 译者注：瑞士信贷资产加权对冲基金指数（The Credit Suisse AllHedge Index）是由瑞士信贷对冲基金指数（Credit Suisse Hedge Fund Index）衍生而来的。瑞士信贷对冲基金指数由瑞士信贷对冲指数有限责任公司（Credit Suisse Hedge Index LLC）编制，它是一个资产加权对冲基金指数，仅包括基金，而不是单独的账户。该指数使用瑞士信贷对冲基金数据库，跟踪约9000只管理至少5000万美元的基金12个月的业绩记录和经审计的财务报表。

伯尼·麦道夫（Bernie Madoff）对冲基金的出现形成了新的黄金标准。人们吸取了关于透明度的深刻教训。另一位对冲基金明星约翰·保尔森（John Paulson）预测了2008年的国际金融危机，并利用他的对冲基金进行了正确的投注。他的投资者获得了巨大回报，他也在一年内赚了几十亿。不幸的是，对他的投资者来说，2011年在市场上涨的情况下，他损失了52%。

在一个完整的市场周期内，对冲基金基本上赚不到钱。2008年开始至今是一个长期的牛市，标准普尔指数的回报是同时期热门对冲基金的近十倍。风险更小、回报更高的对冲基金在哪里呢？它们根本不存在。相反，对冲基金已经再次被证明，它们是为傻瓜而定制的。

对冲基金的支持者①会辩解：对冲基金的目标曾经是超越市场，但现在是为了单纯减少投资组合的波动性。然而，一项针对2002—2013年的研究对比了以减少波动性为目标的对冲基金和由60%的股票指数和40%的债券指数组成的投资组合的业绩表现。结果显示，简单的指数化投资组合不仅表现优于对冲基金，而且波动性更小。

现在，让我们回到巴菲特和赛德斯的赌局。赌局并没有朝赛德斯预期的方向发展，他在距离结束还剩8个月的时候就提出了认输。最终指数上涨85.4%，而对冲基金的累计回报率为22%，可见这是一个明智之举。

是的，对冲基金会让一个人发财，但这个人并不是你。②

错误
2

主动交易

---

① 通常是经营或销售这些产品的人。

② 但对冲基金经理将继续一路高歌走向银行或他们的游艇，想着我们是多么的愚蠢，因为我们的行为已经给了他们足够的理由去这样想。

捐赠基金——对业绩的误解

我们都听说过，捐赠基金通过在投资组合中运用另类投资品，取得了非常好的业绩。之前的所有证据表明如对冲基金之类的主动投资型产品的业绩表现不好，那这又如何解释呢？

为了理解其中的差异，我们需要了解一下捐赠基金的整体情况。

只有14%的捐赠基金管理着10亿美元（含）以上的资金。我们总在媒体上听到这些捐赠基金，如耶鲁、哈佛等。一项关于捐赠基金宣传情况的研究发现，投资者听到10家最大捐赠基金的信息次数是其余800多家捐赠基金的10倍以上。在过去的25年里，这十大捐赠基金的整体表现有时比市场好几个百分点。然而了解它们如何做到这一点是至关重要的。他们拥有庞大的投资者团队，向许多投资项目进行直接投资。例如，他们直接购买林地，而不购买投资于林地的对冲基金。事实上，在96%的时间里他们都是这样做的。假如你不打算在坦桑尼亚买一个矿或者在秘鲁买一万英亩的土地，那么不投这个基金就是了。

其他86%的捐赠基金在运用对冲基金、私募股权基金、主动型基金经理等类似主动投资方面没有遇到这么好的运气。较小的捐赠基金看到大型捐赠基金在另类投资品方面取得了成功，便也效仿投资。他们却忽略了，大型捐赠基金之所以成功，是因为他们直接购买资产，而且有购买力的优势。较小的捐赠基金为试图复制大型捐赠基金的成功，已经增加了对昂贵的另类投资品的配置。目前，小型捐赠基金的另类投资品占比为17%，中型捐赠基金的另类投资品占比为37%。但它们的投资结果并不理想。在截至2011年6月30日的前十年中，捐赠基金的平均业绩低于由60%股票和40%债券构成的简单的指数投资组合。即使是大型捐赠基金也很难维持其业绩。2007年以来，哈佛大学的捐赠基金业绩比标普500指数低了几个百分点。因此，除非你是财富达数十亿美元的超级大富翁，否则不要试图复制十大捐赠基金的成功。他们基本上是通过直接购买投资品来经营的。相反，要通过避免如对冲基金这样间接的、昂贵的、表现不佳的投资来超越其他的捐赠基金的业绩。①

风险投资（听起来很有诱惑力，但通常不尽人意）

我们已经遇到了敌人，那就是我们自己。

——波哥（Pogo）②

　　私募股权投资是最能引起你投资欲望的投资品，而风险投资的一种——也就是对初创企业的投资——是这类投资中最吸引人的。许多投资者和机构都存在一个误解：认为风投基金会产生巨大的回报。许多美国历史上最伟大的公司都诞生于风投基金，如谷歌和苹果。坐拥23亿美元的考夫曼基金会（Kauffman Foundation）是美国最大的捐赠基金之一。2012年，他们开创性地发布了一份关于风险投资基金经验的文件，标题恰如其分：我们遇到了敌人，而敌人就是我们自己。我也很喜欢副标题：考夫曼基金会20年来风投的经验教训以及希望如何战胜了经验。

　　考夫曼基金会分析了他们20年来对100个风险投资基金的切身经历。他们发现：大多数风险投资基金的业绩低于公开的小盘股指数；在30个承诺资本超过4亿美元的风投基金中，只有4只基金的表现优于小盘股指数，而且平均而言，风险投资基金"……在扣除相关费用后

---

　　① 你可能会想："这些捐赠基金一定是由非常聪明的人管理的。这些人肯定懂得这个道理，不会犯这些错误。"不幸的是，情况并非如此。金融服务行业固守着错误的信息，并不断地对业绩做出错误的判断。事实上，捐赠基金聘请顾问来评估对冲基金和共同基金的业绩，并推荐在过去三年或五年中业绩最好的基金，这是行业的普遍做法。但这毫无意义，并导致其业绩长期不佳。

　　② 波哥（Pogo）不是一个哲学家或财富管理家。他是一部在20世纪40年代到80年代流行的连环画的主角。来给30岁以下的读者解释一下，连环画通常被印在报纸上、由一连串排列成框的图画构成，用以展现幽默趣味（来给20岁以下的读者解释一下，报纸是一种折叠起来的印刷出版物，内容包含新闻、文章、社论、广告，有时还有连环画）。

无法回本"。这一发现非常令人感到不安，因为风投基金投资的公司规模较小，比构成公开指数的小盘股公司还要小得多。因此，风险投资基金的风险要大得多。换句话说，风险投资基金不仅业绩不佳，还承担更高风险、收取更高费用（常见的是2%加20%的利润）、流动性更低（投资往往被锁定长达十年或更长）、透明度更差（我们究竟对私人创业公司的情况了解多少？）。

报告的结论直截了当。投资者选择小盘股指数基金可能比风险投资基金更好。研究人员写道："……像我们这样的投资者一次又一次地屈服于一种经过充分研究的行为金融学偏差，即叙述谬误。"也就是说，风险投资基金主要靠解读以往事件的故事和承诺高收益的诱惑来吸引投资者。

假设你仍对风险投资感兴趣，并坚信你所投资的基金会做到考夫曼基金会未能做到的事情，那么请注意，与考夫曼基金会这一慈善机构不同，你将为你获得的所有收益纳税。因此，如果你能在投资回报率上取得胜利，"税收之神"还是会给你设置阻碍。大多数投资者希望自己的投资业绩在十年或更长时间后超过大公司股票，他们投资小盘股指数实现该目标的可能性较高，而不应选择风险投资。

收税员来了（情况变得更糟了）

给你留5%是否显得太少了？我没全部拿走你就应该心存感激了，因为我是收税员。对，我是收税员。

——披头士《左轮手枪》（Revolver）专辑中的《收税员》

当一只共同基金、对冲基金或指数基金公布其回报时，它向你展示的总是税前回报。请记住，主动管理型基金存在的全部意义在于超越特定的基准或指数。否则，就不需要投资经理了。为了战胜指数，主动型基金的管理人通常会进行证券交易。基金公司并不支付交易产生的税款，而是由投资者来支付！平均而言，共同基金每年都会损失整整一个百分点的税款。因此，如果共同基金的回报率为6%，那么在你支付税款后就变成了5%。而对于对冲基金经理这种更主动的交易者来说，结果会更加糟糕。指数基金因股票在指数中的增减也会受到税赋影响，但由于不存在主动交易者，税赋影响要小得多。

最后，赚多赚少并不重要。重要的是税后收入。请记住，即使不考虑税赋，指数也已经击败了主动型基金经理的业绩。税赋只是进一步扩大了业绩差距。

投资组合活动损害了业绩

我最喜欢的持有期是"永远"。

——沃伦·巴菲特

我们知道，共同基金、对冲基金和交易股票的投资经理人的业绩整体低于指数。研究表明，不仅主动交易业绩不佳，而且，基金经理越是主动，他们的业绩表现可能越差。

杨百翰大学（Brigham Young University）教授克雷格·伊斯雷尔森（Craig Israelsen）研究了3年、5年和10年期间美股、美债和国际股票的共同基金经理回报情况。他根据基金交易的活跃程度，将其分为四组。

在每个周期、每一种情况下，最活跃的基金都比最不活跃的基金表现差。换句话说，基金经理参与越积极，基金表现就越差！10年期的案例中，美股交易量较低的基金经理比交易量高的基金经理每年业绩高2.2%，对于国际基金经理和债券基金经理，这一差额分别为1.6%和0.2%。

基金经理交易越少，投资就做得越好。如果想选择交易较少的投资方式，略过共同基金、对冲基金以及积极交易的投资经理，把投资组合的核心集中在指数上。

难道主动管理在下行的市场中不起作用吗?

熊市一直存在。当熊市出现时,经理们涌向电视、广播和新闻通讯,宣称现在比以往任何时候都更需要主动管理,这导致一个流行的"神话"愈加神乎其神:即当市场下跌时,主动管理型经理至少可以跑赢市场。但这其实只是一个神话传说:在1973年以来的七个熊市中,主动管理的投资经理仅在三次熊市中表现出色。市场好转时经理们也没能扭转业绩,他们在过去的8个牛市中的6个表现不佳。总的来说,主动管理的投资经理在上行市场、横盘市场和下行市场都会失败,只是在下行市场中表现不佳的程度较小。

让我们看一下近期的熊市,2000—2002年、2008年国际金融危机以及新冠病毒疫情防控期间的情况,结果都是一样的。在每种主要基金类别中,指数都战胜了主动管理型基金经理(见表2.1)。在2020年的市场危机中,74%的基金经理在2月19日至4月30日业绩低于标普500指数。简言之,主动管理型经理人在其本应发挥最大价值的时刻,却带来了最差的回报。

表2.1　熊市中基准业绩优于主动管理型基金的比例

基金类别	2008年	2000—2002年
所有大盘股基金	54.3	53.5
所有中盘股基金	74.7	77.3
所有小盘股基金	83.8	71.6

为什么指数会赢

被动型投资战胜主动型投资的原因有以下几点。第一,交易成本稀释了主动型交易的回报;第二,主动管理的成本要高得多;第三,主动管理产生更多的税费;第四,与指数基金相比,主动型基金经理通常持有更多的现金,而随着时间推移,大量现金会拖低回报;第五，与普通投资者一样，主动型经理人也会犯一些行为错误（后面会详细介绍）。

指数表现优异的另一个重要原因在于股票间的收益率方差。大多数人认为指数包含一篮子股票，其中一半表现优于市场，另一半表现低于市场。事实上，在一个指数中，近三分之二的股票表现低于指数本身，而约三分之一的股票表现好于指数。你可能会感到惊讶：这怎么可能呢？这是因为当一只股票下跌时，最坏的情况是损失100%（如雷曼兄弟、安然、全球曼氏金融等）。然而，当一只股票走高时，上涨幅度几乎没有极限——回报率可以上升数千个百分点（如苹果、谷歌、微软等）。一个大赢家可以抵消许多输家。如果一支有10名球员的篮球队获得了100分，我们不能认为一半人的得分超过10分，另一半人的得分低于10分。在现实中，大部分得分是由一两个球员赢得的。这和市场的情况是一样的。通过对指数进行广撒网，你更有可能捕捉到下一只展翅高飞的股票。

指数导致收益平均化？

指数并不导致收益平均化——随着时间的推移，指数化投资可以保证你获得高于平均水平的回报。唯一的问题是，回报会高于平均水平多少？大多数情况下，指数的回报率都远远高于平均水平。在截至2014年1月1日的过去20年间，各类指数的表现超过71%~85%的主动管理型基金。对你来说，这表现听起来平均吗？如果你愿意，指数化投资会让你进入赢家的行列。①

标普 500 指数，我来了！

不要把所有的鸡蛋都放在一个篮子里。

——英国谚语

---

① 前提是你需要让它发挥作用！

你可能接下来会这么想：让我们把所有的钱都扔到标普500指数里，然后什么都不管了！不要这么快做决定。投资不需要过于复杂，但也没那么容易。让我们回顾一下近期的一个十年，看看为什么资产配置很重要。

已经有很多人讨论过2000—2010年市场的负回报了。

把股市历史上最糟糕的一个十年放在适当的背景下能为我们带来一定启发。首先，评论家们经常把这十年称为"失去的十年"，并用它证明单靠市场是行不通的。实际上，它证明了恰恰相反的结论。其次，需要注意的是，当人们说"市场"在那十年中亏损时，他们指的是标普500指数。事实上，标普500指数只能代表市场的一部分：因为它只包含了美国大型公司股票。

图2.3很好地说明了这个问题。

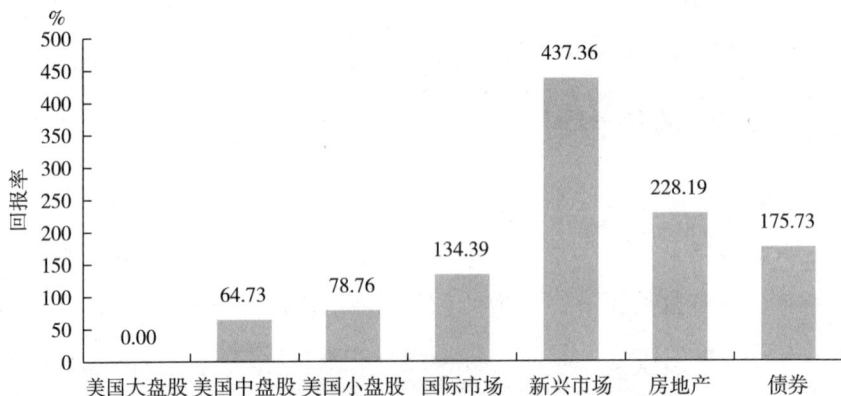

图2.3 2000—2010年全球主要市场的回报率

（资料来源：标准普尔；摩根士丹利资本国际公司（明晟）；巴克莱资本；谷歌金融；道琼斯）

与以往所有的熊市一样，配置良好的投资者顺利地度过了这场风暴。通过合理配置投资组合，投资者不仅降低了风险，还获得了更高的回报。由于无法确定哪种资产类别会取得优异的年化收益，审慎的投资者会从长远考虑投资，从不依赖单个市场的短期表现。

如果下次有人跟你谈起"失去的十年"，并以此作为选择市场时机或积极交易股票的理由时，请提醒他们，简单的资产配置使明智的投资者在这十年中仍获利颇丰。如房地产、新兴市场、国际市场以及美国中小盘市场等其他市场都在上涨。

此外，这里使用的图实际上低估了投资者的实际业绩。事实上，如果将股息计算在内，标普500指数实质上上升了几个百分点，既然投资者收到了股息，那么将其计算在内似乎更合理。总而言之，只依靠标普500指数虽然会让人感到非常不快，但即使是在历史上最糟糕的投资时期，部分投资者在熊市的大背景下通过简单地配置投资组合而持有不同类别的资产也能抵御熊市的攻击。

避免错误 2——主动交易

简单的数学运算告诉我们，大多数主动型投资管理人肯定业绩不佳——无论是共同基金经理、对冲基金经理、投资经纪人、投资经理，还是你自己。我们也知道主动管理的成本比持有指数更高。此外主动型管理人比被动型管理人缴纳更多的税款。最后，当人们发现一名业绩出色的主动型经理人时，没有证据表明他的优异业绩会持续下去。事实上，有大量证据表明情况恰恰相反。

因此，可以确定的是，主动交易将导致人们支付更多的费用和税款，甚至不考虑费用和税款，很可能都业绩不佳。这是显而易见的事情。也许主动管理并不是一个好办法。

拥有了以上这些知识，为什么这么多人还在主动交易，或雇用主动交易的基金经理或投资经理？因为我们都愿意相信这是可以做到的，相信我们是无所不能的人，相信总有人能表现优异，总有办法战胜市场或与股票的游戏逻辑博弈。可事实是，如果你把钱交给一个主动管理型经理，被这个游戏耍的人将是你自己。

错误 3　对业绩和财经信息的误解

在投资管理领域，许多"神话"依然存在。有的是因为投资者的偏见，有的是因为媒体把它们当成有趣的故事，还有很多是因为专业人士的推波助澜并使之延续。在本章中，我们将看一下一些最常见的误区。

误区 1：在真空状态下评判业绩

一位朋友与我分享了他们正在考虑的一位基金经理的业绩。该经理实际上向他宣传的是："嘿，看看这个投资组合的表现有多棒，把你的钱投在这里吧！"虽然这可能是决定投资最糟糕的方式，但这确实是大多数人选择投资组合的方式。

那么问题出在哪里呢？这个问题是对"参考集"的误解造成的。参考集可以这样解释：假设一间房间里有12000人，让他们每人扔一枚硬币。如果重复13次，有人很可能每次都掷出正面。我们不应该惊叹这样一个人的聪明才智。相反，我们应该预期到这个结果。

同样，如果我们去拉斯维加斯的赌场，发现有人在轮盘赌中获胜，我们不会把所有的钱都交给他们，因为我们知道，这个人是赌徒参考集的其中一员，而且他们中的大多数都在输钱。纳西姆·塔勒布（Nassim Taleb）在他的《黑天鹅》一书中称之为"参考点论证"，他认为赔率不是站在一个获胜的赌徒的角度来计算，而是站在所有赌徒在同一时间开始赌博的角度来计算。我们知道，有些人把钱给了"手气好"的赌徒，让他为自己下注。这些人目光短浅，就像投资者把钱给近期连胜的基金经理的行为一样。

这也是大多数基金经理推销其成功经验的方式。例如，一个基金经理管理6~10个投资组合或基金的情况并不少见。其中有一两个超过基准的情况也不足为奇。然后，他们通过华而不实的宣传材料和演示文稿来吹捧自己的业绩，全然不顾大多数的投资组合或基金并没有达到或超过基准。投资者买入之后，基金最终表现不佳，于是基金经理又兜售另一个投资组合，而投资者又转投下一个热门品种……如此循环。

共同基金公司采用同样的策略。与所有十年一样，2000—2010年，大多数大型公司的共同基金经理的业绩都低于标普500指数。考虑到标普500指数本身在这十年中几乎没有正值（假设包括股息），这一业绩成果还是相当震撼的。不过，当你看共同基金公司的广告时，你永远不会知道这一点！

每当一个在市场上交易股票的基金经理向你推销自己时，请询问他们所管理的所有基金的业绩。一个完整的参考集会将一两个投资策略表现优异的真象暴露无疑，这只是其中一种预期结果罢了。在庞大的共同基金和对冲基金的参考集中，绝大多数基金表现欠佳，没有证据表明赢家会继续获胜。

这就是为什么人们应该忽略投资经理过去的业绩表现，而应首先去质疑什么样的基金经理会以这种方式推销自己。假设你与一位投资顾问合作，他应考虑到你的个人情况——如税负、居住地、外部持股情况等。在这种情况下，投资组合应该是量身定制的，使得他们无论如何都不能展示过去的业绩。

一个交易员以往在某一市场的业绩对其未来的预期业绩几乎没有影响。大多数情况下，理解一位投资经理为什么能在一段时间内表现出色的关键是审视整个行业。例如，在某个10年中，人们不应该将少数战胜标普500指数的专业交易员看作未来要雇用的主动型经理人。相反，他们应被看作是在充满杀戮的领域中侥幸胜出的例子，是一个聪明的投资者应该完全避免的对象。

误区 2：相信金融媒体的存在有助于做出智慧的决策（媒体在"杀害"你）

你知道长期投资时每天听市场新闻像什么吗？这就像拿着溜溜球走在大山上，眼睛却一直盯着溜溜球而不是大山。

——阿兰·艾贝尔森（Alan Abelson）

似乎无论市场朝哪个方向发展，总有一群声势浩大的宿命论者在金融媒体上占主导地位。

当然，这并不新鲜。金融媒体一直在营销恐惧，最早可以追溯到1907年金融危机。很多著作都提到了金融媒体做出的预测有多么的离谱，比如20世纪70年代的滞胀、1987年的股市崩盘、科技泡沫（伴随着24小时电视财经新闻的兴起，恐惧进入了一个全新的阶段）、"9·11"事件、2008年国际金融危机和欧债危机。

然而，每一次熊市都会被牛市所替代，每一次经济衰退都会被经济增长所替代。人们可能认为，在每隔三五年就会发生一次的危机中，金融媒体会安抚人们。那为什么实际情况并不是这样的呢？

在每一次危机期间（包括债务上限危机、财政悬崖、欧债危机等），许多专家学者都会鼓励观众去兑现，基金经理这样做的目的是"保护"资产。那些听从他们建议的人往往会永久错过危机平息后出现的收益。

金融媒体的主要问题在于，许多付费金融媒体的消费者无法理解其存在的目的。媒体是一门生意，而生意是为了盈利。美国消费者新闻与商业频道（CNBC）、福克斯商业新闻（FOX Business News）、美国有限电视新闻网（CNN）和本地的广播电台的主要目的不是提供信息，而是盈利赚钱。它们的存在很简单，就是为了赚钱。

利润是通过广告获得的。在收视率较高的节目和电台上，广告位售价更高。因此，所有财经节目的主要目的是尽可能获得更多的观众或博得更多"眼球"，并让这些观众尽可能长时间地观看。

粗略的计算公式是：

更多的观众=更高的商业价值=更大的利润=更高兴的股东

为了吸引观众，节目往往用过于夸张的方式引出事件。许多事件被包装成带有标语、情节和架构的故事。通常用编剧的话来说叫"给它装上时钟"[①]，就像电影会用滴答作响的时钟营造紧张情绪和紧迫感（"如果桑德拉·布洛克不在90分钟内赶到空间站，她就会被太空垃圾击中而死！"），[②]金融媒体在讲述这样的故事时，经常在屏幕右下角设置一个时钟：滴答，滴答，滴答。想一想"财政缩减"（The Sepues）"财政悬崖"等。近期的例子就是债务上限以分钟为单位走来（真的需要说以分钟为单位吗？）。为了进一步把观众绑在屏幕前，制片方和主持人往往会向嘉宾施压，逼迫嘉宾提出短期的市场观点。这些策略往往会引起观众的恐慌并导致犯错。

在财政危机、政府倒台、美国债务上限谈判或新冠病毒引发的市场崩盘期间，一些观众开始套现，有多少退休计划因此被搞砸了？堪萨斯州立大学的约翰·格拉布尔（John Grable）博士和佐治亚大学的索尼娅·布里特（Sonya Britt）博士在他们题为《财经新闻和客户压力》的研究中发现，无论新闻本身的内容是什么，在收看财经新闻时，个人的压力水平都会显著增加。当市场下跌时，人们会担心自己的账户，而市场上涨时，人们会后悔没有采取更激进仓位！

研究发现，在美国消费者新闻与商业频道、彭博、福克斯商业频道和美国有限电视新闻网收看财经新闻的观众中，67%的人压力水平上升。即使新闻内容是正面的，也有75%的人出现了压力增大的迹象。

---

① 感谢我的兄弟马克，他是一位编剧，他与我分享了这个概念，还是免费的。

② 这参考了2013年的大片《地心引力》，不要与"如果桑德拉·布洛克不在这辆巴士降到一定速度之前帮助拆除炸弹，所有人都会死！"相混淆，后者应该是指1994年的大片《生死时速》。

医生经常告诉他们的患者要控制自身压力水平，因为压力和焦虑会大大增加身体不适、患病甚至死亡的概率。[1]

更不用说压力太大本身一点儿都不好玩。从财务角度来看，压力可能会造成直接的损害：人们在压力下往往会做出更糟糕的决定。典型的例子是投资者看到大量财经新闻后惊慌失措地做出反应，给投资组合造成永久性损失。

根据我的经验，那些忙得不可开交而没时间密切关注财经新闻的人反而很少犯错误。然而，关注大量财经新闻的退休人员做出的重大交易决定，往往会产生负面后果。

这不是指媒体制造了危机。[2]我只是说媒体没有动力去教育和安抚观众，因为那样会降低收视率。经济学家鲁里埃尔·鲁比尼（Nouriel Roubini）是被美国消费者新闻与商业频道采访最多的经济学家之一，他一直持悲观态度，这很可能不是巧合。你也许记得他的绰号："末日博士"。

这与拥有固定观众群体的天气频道没有什么不同。然而，没有什么比飓风或龙卷风更能提高收视率的了。当气象播报员知道收视率很高时，他会高兴地合不拢嘴。飓风有时甚至会给准备充分的人造成永久性损害，但每次熊市风暴过去后，准备充分且理性的投资者都会100% 完好无损。

这并不是指所有的媒体都是坏的、所有的新闻都充满了夸张，也不是指每个看财经新闻的人都会有压力。不过，这确实意味着，如果你正在大量收看财经新闻，你应该花点时间问问自己：你从中得到了什么，以及它带给你的感觉如何？

更重要的是，如果压力影响了你，不要让它影响你的决策或使你

---

① 如果你问：本书作者是不是基本上在断言新闻可以杀死你？好吧，如果你看了太多的新闻，并为此感到不安，那么是的，我承认是这个意思！

② 事实上，有些人确实这么说，或者说媒体至少促成了一些危机的发生。

背离你原本的策略。拥有成功的、可重复的投资策略的关键是保持自律，而保持自律的核心组成部分是识别和排除干扰。

误区 3：认为市场关心现在

虽然有时很容易忘记，但股票并不是一张彩票……它是企业的部分所有权。

——彼得·林奇（Peter Lynch）

如果一个企业做得好，股票最终也会跟上。

——沃伦·巴菲特

人们经常问这样的问题：是什么让股市上涨或下跌？有些人自信地认为他们知道答案，但基本上都是错的。

人们通常会引用以下因素之一作为股票价格的主要驱动因素：失业率、住房、经济政策、货币政策、美元价值、消费者信心、零售额和利率，这些都是受欢迎的选择，然而这些都不是答案。

股票市场只关心一件事：预期收益。如果企业赚了更多钱，它们的股价最终将会上涨。股价只反映公司的盈利能力，其他都是干扰因素。

假设你要收购一家三明治店。你关心什么？你关心的唯一因素是预期收益。你收购三明治店的原因是你相信盈利所带来的收益会高于收购价格。

但是，要得出这个结论，你要再考虑一下其他影响你靠三明治店盈利的因素。例如，如果利率低，你偿还贷款的金额就会降低，那么店铺的利润就会更高。在这种情况下，利率之所以重要，是因为它们会影响预期收益。商品价格也可能会有影响，因为石油和食品都是商品。如果油价上涨，每天运送食物的成本就会增加。食品成本的上升也会增加你的支出。商品价格的上涨将侵蚀你的利润，从而损害预期收益。消费者信心同样很重要，因为如果消费者认为财务状况正在恶化，他们会放弃购买你售价8美元的三明治，让孩子们在家自制花生酱果冻三明治吃。这将降低你的销售额，从而影响你的收入。

但是请注意，这里的关键词是"预期"。没人关心昨天的收入。例如，让我们回到你想收购的那家三明治店。你正在与店主交谈，查看他的财务状况，你可以看到他在过去三年中每年赚10万美元，每年销售约2万个三明治。这听起来很稳定，一旦还清购买店铺欠下的债务，每年可以赚10万美元，因此你正考虑向店主支付20万美元买下店铺。你很聪明，你注意到，他每年向一个大的企业客户出售5000个三明治，而这个客户刚刚停业。如果去掉这份销售额，三明治店的利润将大打折扣，因此你不会支付同样的价格。你唯一关注的是：预期收益。

结论就是：经济中所有的其他因素都很重要，因为股票交易者试图确定各种"指标"的变化——如失业率、利率等——这些指标最终将影响公司的预期收益。

没有人关心医疗保健公司过去赚了多少。人们想知道新的医疗改革法案未来将对这些公司的收益产生怎样的影响。没有人关心星巴克去年赚了一百万还是十亿。人们想知道现在麦当劳开始销售优质的咖啡，是否会影响他们的收益。没有人关心通用动力公司过去向政府出售军用物资赚了多少钱。人们想知道军事冲突是否会持续下去，以后是否会推动销量。

这就是为什么当美国熊市如火如荼时，投资者购买了沃尔玛股票。当时的想法是，随着消费者向"低端"转移以尽可能便宜地购买全部商品时，沃尔玛的收益可能会上升。同样的道理也导致了诺德斯特姆百货公司的股价下跌。投资者认为消费者希望以便宜的价格在外就餐，因此麦当劳股票的表现较好。同样的逻辑压低了芝乐坊等高端餐厅的股价。当然，由于人们在心情沮丧时想要喝酒，销售酒类的公司做得也很好（当他们感到快乐时也倾向于喝酒，这就是为什么酒类股票被认为可以"抗经济衰退"）。

股市整体上往往在衰退结束之前就开始上涨。股市不关心今天发生了什么，而是预测公司未来的收益。如果投资者认为未来的收益会更糟，股市就会下跌；如果投资者认为经济环境正在好转，未来公司的盈利能力将变强，股市就会上涨。

当然，在预测预期收益时存在许多变量，因而市场在短期内并不总是正确的（尽管从长期来看，市场总是正确的）。例如，你可以在完美的条件下购买一个完美的三明治店，然后有许多突发事件破坏你的利润，如该地区的犯罪、不可预见的修路阻碍顾客进入你的商店等。同样，如果我们有一个近乎完美的经济环境，但有人突然驾驶飞机撞大楼，一夜之间把一切都颠覆了。

然而，三明治店的价值可以归零，而股票市场则不同，它自身是有弹性的。历史上无论情况变得多么糟糕，整体上，美国公司最终都找到了出路，不仅能赚钱，而且比以前赚得更多。每一次都是如此。而且，像往常一样，股票市场将持续关注盈利。

误区4：相信历史最高点意味着市场将出现回调

股市创下历史新高。现在怎么办？

——美国消费者新闻与商业频道网站，2013年4月10日[①]

我认为市场有点儿泡沫，我已经全部清仓了。

——斯图尔特·弗兰克尔公司机构交易总监史蒂夫·格拉索（Steve Grasso），在同一篇文章中如是说

不要因为"历史最高点"而感到害怕。每当市场突破新高，就会有关于经济泡沫的讨论。每当市场进入新的阶段，关于回调或熊市的讨论就会越来越多。观看和阅读有关道琼斯指数突破某一大关的报道会让人头晕目眩。

一种观点是，一旦道琼斯指数越过"临界点"，普通投资者将回

---

① 自那时以来，股市已经创下了250次历史新高。所有这些"事件"都伴随着评论员谈论诸如"回调早就该发生"、市场"泡沫"、"市场回落"的时机等。

到市场内，而一直坐在市场外的专业交易员将不得不重新进入市场，这两者都推动股市走高。

另一种观点，也是更常见的观点是，道琼斯指数已经突破了一个新的关口，回调的时机已经成熟。持这种观点的人认为，市场已经走得太远、太快了。这两类人都不明白，无论是18000点、20000点、25000点还是30000点，这些都只是数字，大多数情况下没有任何意义。持后一种观点的人主要由现金持有型"投资者"组成，他们思考着上一次道琼斯指数突破关口后的回调。

首先，仅仅因为市场处于新高并不能自动将其定性为"泡沫"。泡沫是指某一种资产类别的交易价格远远超出其内在价值。不久之前，我们就目睹了一些泡沫破灭：一是科技泡沫，当时科技股的交易价格大约是其历史估值水平的五倍；二是房地产，当房地产泡沫破灭时，它的交易价格比历史估值水平高出50%以上。

因此，要确定美国股市是否存在泡沫，我们首先需要了解股票的估值方式。与所有资产类别一样，评估股票的方法有很多。但是，最常用的是市盈率。市盈率的计算方法是用股票价格除以公司的盈利。例如，如果一只股票的价格是100美元/股，而收益是5美元/股，那么市盈率就是20。股票价格可以上涨，市场可以不断创出新高，但仍然着保持着公平估值。

为了说明这个概念，让我们走进房地产市场看一下。假设通常情况下，住宅房地产为投资者带来10%的收益。投资者在市场上搜索，找到一套复式公寓，以10万美元的价格购买。投资者将复式公寓出租，在支付税费、维护费和保险费后，年利润为1万美元。投资者赚了10%，他们感到非常快乐。

几年过去了，经济已经恢复了一些。租房者可以支付更多费用，因此投资者收取更高的租金，而现在每年的利润是1.5万美元。

之后，一位新的投资者出现了，他希望购买房产以赚取 10% 的回报。由于现在的利润是1.5万美元，新投资者为这套复式公寓支付了15

万美元，这将使他净赚 10%。

由于收入增加，复式公寓的价值从10万美元上升到15万美元。尽管价格上涨了50%，但预期回报是相同的。然而，如果复式的价值从10万美元上升到15万美元，而利润保持在1万美元，就会出现"泡沫"，这意味着投资价格远高于历史平均水平。泡沫的结局往往很糟糕，它们终将破裂。泡沫不是由单纯的价格上涨来定义的，而是由相对于收益而言的价格上涨来定义的。

股票市场并不是这样运作的，它的运作方式如下：

股市在标普500指数从1100到3200的过程中体现了这一概念。当标普500指数为 1100 时，市场的市盈率为20.7倍。当它在3200点时，市盈率为19.6 倍。换句话说，按照这个衡量标准，3200点的市场价值比1100点好。尽管在此期间市场的年化增长率已超 12.5%，仍不及同期企业盈利的增长速度。

一定要记住，股票价格涨多高并不重要。相反，重要的是相对于它的收益上涨多高。一家每年盈利1000万美元、股价为100美元的公司，有一天可能会发展到年盈利1500万美元，到那时，如果股价达到150美元，应该没有人会感到惊讶。

最后，值得注意的是，市场一直在创造历史新高，平均每月一次以上。基本的通货膨胀是造成部分上涨的原因。在我打字的时候，我正在喝健怡可乐，它的价格正创下历史新高。我也想吃一块糖果条，它的价格也正创下历史新高。如果你通过邮寄的方式购买这本书[1]，就需要用邮票，而邮票的价格也处在历史高位。几乎所有的东西的价格都在不停刷新历史新高，无论是一顿麦当劳、一辆车，还是建房子的成本。当你为节日购买火鸡时，它的售价不可能是历史最低价。你的新车、新衬衫或新珠宝也是如此。

道琼斯指数与股市历史最高点打情骂俏只会对心理产生影响；最

———————————

[1] 感谢你！

终，它毫无意义。与所有投资一样，市场价格关注盈利。对于长期投资者来说，这才是最重要的。当你下一次读到市场已经达到"历史最高点"时，就耸耸肩微笑吧，不要感到恐慌。

误区 5：相信相关性等同于因果关系

一只黑猫穿过你走的道路，有时这意味着一只动物要去某个地方。

——格劳乔·马克思（Groucho Marx）

仅仅因为某些事情经常发生，或者似乎保持某种规律，并不意味着有实际的因果关系。科学家、医生和统计学家在入门课程中会学习到：相关性并不等同于因果关系。

例如，有一种被称为"超级碗指标"的预测方法。当美国国家橄榄球联合会（NFC）获胜时，股市往往表现良好，而当美国橄榄球联合会（AFC）获胜时，股市则表现平平。这个指标的准确率约为80%。然而，它作为预测未来的指标的价值为0。还有一个被称为"体育画报泳装版指标"的预测方法。当体育画报泳装版封面模特是美国人时，美国股票的表现往往好于其历史平均水平。当封面模特不是美国人时，美股表现比历史平均水平差。虽然这两种情况下股市回报率差异高达6%，但这一指标当然也是毫无意义的。

我们可以用这种东西来取乐，但没有人把它当真。或者他们真的有人当真了？让我们看看几个流传且反复上演的故事。

10 月是最糟糕的投资月份

对于买卖股票而言，10月是一个特别危险的月份。其他月份的危险顺序依次是7月、1月、9月、4月、11月、5月、3月、6月、12月、8月和2月。

——马克·吐温

9月下旬，我遇到了一位潜在客户，他想等到11月再投资，因为他读过讲述10月股票表现不佳的文章。

金融媒体几乎每个月都会发布关于某个月的历史趋势的文章。2012年美国有线电视新闻网的一篇文章回顾了10月市场上发生的所有可怕的事情。

这些文章重申了一种看法，即投资有"好时机"和"坏时机"，并且可以遵循一些简单的经验法则（例如不在10月投资市场）以获得更好的回报。

不幸的是，这并不容易。媒体在这些文章里给投资者提供了数据，这些数据使他们对投资误解更多了。

即使10月模式具有相关性，那也肯定站不住脚。那些告诉人们不在10月投资的文章说，如果你撇开特定时期，这个模式看起来相当可靠。这就好比说，如果你把丹佛野马队的五次冠军赛失利排除在外，他们就拥有最好的超级碗胜率；如果你把奥巴马、克林顿、卡特和拜登政府排除在外，共和党人就赢得了所有现代总统选举。你不能撇开数据集的一整块部分，仿佛它们是无关紧要的例外情况。

在5月卖出并离开

市场时机选择是行不通的，至少不要使用"在5月卖出并离开"的投资策略。与大多数市场时机选择策略一样，稍加分析往往就能发现藏在细节中的魔鬼。

——瑞克·菲利（Rick Ferri）

"在5月卖出并离开"的理论认为，投资者应该在5月初卖出股票，在11月初重新进入市场。这一理论的推广基于这样一种想法：从历史上看，市场在11月至次年4月的6个月表现得比5—10月好。的确，历史上股票市场在11月至次年4月的回报率更高。但这种关联性是否意味着因果关系呢？许多人认为这种关联性是真实的、持续存在的，认为交易者在夏季会休假。另一种理论认为，投资者在年底或年初会收到大部分资金并进行投资。为了将这个问题分析清楚，让我们假设情况属实，并相信这种反常现象会持续存在。

CXO咨询集团最近的一项研究回顾了截至2012年的过去142年间的市场情况。"买入并持有"这种简单策略的回报率显著优于"在5月卖出并离开"策略。如果将投资组合的摩擦因素，即成本的影响计算在内，二者的差距就更大了。在比较"离开"期间国债和股票的收益率时，"在5月卖出并离开"的支持者似乎忽略了股息[①]。这可能是回报率差异的一个主要因素。因为即使在最困难的时期下，股票也有股息，所以必须将分红考虑在内，才能得到公平的策略分析。通常情况下，即使对市场进行最粗略的观察，"经验法则"也会告诉你这种做法没有成功的可能性。

误区 6：相信财经新闻具有可操作性

傻人有傻福。

——《阿甘正传》（Forrest Gump）

绝大多数财经新闻都可以被视作干扰。成功投资者的工作之一就是尽可能地过滤掉干扰。金融媒体往往会凭空捏造市场小幅波动的原因，下面就是一个很好的例子。

例如，如果道琼斯指数在26000点，当天收盘时上涨了100点，这听起来可能是一个相当大的波动，但事实并非如此。事实上这只是变动了0.004个点，或者说比1%的三分之一大不了多少。这种波动是常见的、可预见的，而且这种波动意味着没有什么实质性的事情发生。然而，金融媒体需要对这一天进行报道，并专门起一个标题来解释这一

---

① 为什么那些想吓唬人们离开市场或宣传市场择机的人不提股息呢？任何投资最重要的都是总回报，也就是资本增值加上红利或收入。

变化。他们会从当天的观点评论中选择一个作为标题。例如，一个标题可能是"住房报告引发股票上涨"或"中东谈判引发股票上涨"。如果变动只有100点的话，那么实际上根本不需要解释。

假设你经营一家三明治连锁店，平均每天卖出26000个三明治，而你今天卖出了26100个。这背后有什么原因吗？你是要为多卖100个三明治而检查今天做的所有事情，还是将之视为完全正常的变化？相反，如果你卖了25900个三明治，你会寻找原因吗？也许应该解雇某些员工？也许应该重新装修店铺？当然不是，因为在任何一天多卖或少卖100个三明治是完全正常的。事实上，在某一天多卖或少卖 200 个三明治也是完全正常的，你甚至眼睛都不会眨一下。

现在，如果你多卖或少卖1000个三明治，那么也许背后确实有一些值得调查的地方，股市也是如此。现实中大多数股市波动不需要解释，波动就是会发生。市场开盘和收盘不会保持同样的价格，就像一家平均每天卖出26000个三明治的连锁店，很少会在某一天正好卖出26000个。几乎总是多一些或少一些。

为了给我们的生活增添一些乐趣，请在一天结束时阅读你最喜欢的金融媒体网站上的新闻标题，看看他们如何用标题来解释统计学上并不重要的市场变化。他们别无选择。你能想象登录美国消费者新闻与商业频道（CNBC）后看到的标题是"今天没有什么大事发生，明天再看吧"吗？

误区7：相信共和党人比民主党人更有利于市场

人们普遍认为，共和党人……更好地治理经济。同时，社会普遍将民主党的政策视为经济杀手。对于那些有这种看法的人，是时候回顾一下经济史了。

——亚当·哈顿（Adam Hartung）

大多数投资者将民主党的胜利视同于股票市场的衰退。但历史讲述了截然相反的故事。市场在政治上是中立的。在共和党执政期间，大盘指数平均上涨49%，而民主党执政期间平均上涨46%。从图3.1中可以看出，即使是由某一党派控制的国会，也不会对结果产生明显的影响。

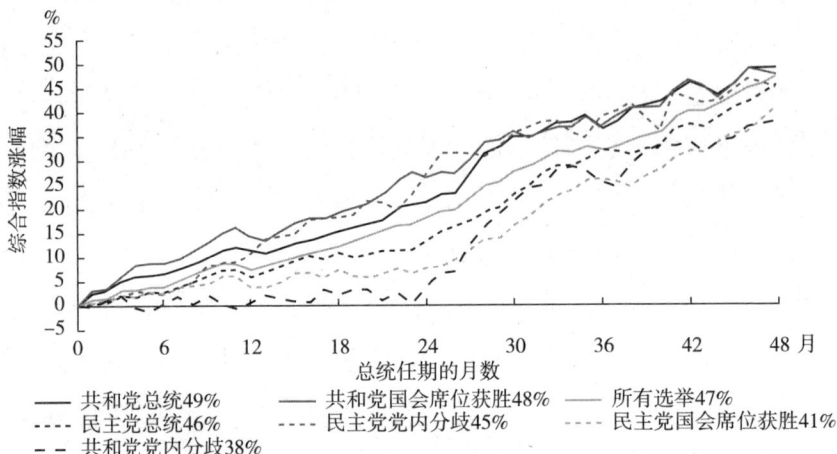

图3.1　党派执政情况与股票市场趋势

对于这种有悖于传统观念的结果，有两种主要理论。第一种理论认为，投资者预期民主党总统会进行彻底的改革，包括大幅提高所得税、投资税、公司税，这样会导致营商环境不断恶化。该理论认为，投资者预期共和党总统会减税、削减开支和实行财政紧缩。股票市场会在选举的预期结果出来之前进行调整。当民主党人取代共和党人时一旦市场发现新总统对企业和高收入纳税人比原先预期的更加友好时，市场往往会上涨。同样地，当市场意识到新的共和党总统可能不会像预期的那样削减开支时，市场往往会下跌。这一理论的支持者通常举出两个例子：克林顿总统任期内的减税、自由贸易和创纪录的盈余；乔治·布什总统任期内创纪录的支出和赤字。问题的关键在于，市场对每一方都有一定的预期，但出于各种原因，很多时候这些预期都没有实现。第二种理论认为，这种统计无关紧要，与其说与谁当总统有关，不如说靠的是"抽签运气"（就像如果美国橄榄球联合会（AFC）赢得超级碗，股市就会上涨；如果美国国家橄榄球联合会（NFC）获胜，股市就会下跌一样）。

我们很确定，市场在不断地根据数百个变量进行"定价"——从赤字到利率、从商业周期到商品价格、从消费者信心到企业利润。当然，也包括是谁在控制白宫和国会。

因此，我们不能强调单一因素对股市表现产生了重大影响。总的来说，单靠选举不会驱动市场。

误区8：高估经理的影响力

在所有小的生活准则中，最重要的是不该赞美的，不要赞美。

——悉尼·史密斯（Sydney Smith）

资产类别的选择对投资者回报结果的影响达88%，但投资者往往将成功最大的功劳或失败最主要的责任归因于资产管理经理（见图3.2）。

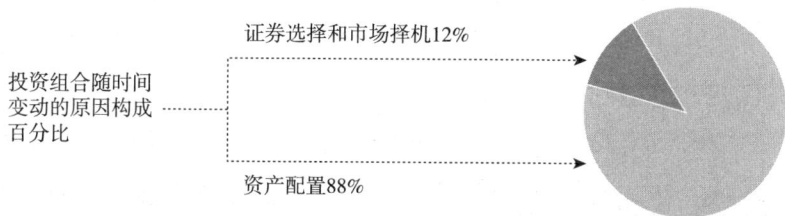

证券选择和市场择机12%

投资组合随时间
变动的原因构成
百分比

资产配置88%

图3.2 投资组合收益变动原因构成

（资料来源：《先锋领航的成功投资原则》，先锋领航集团，2013年。数据来自晨星公司）

在给定年份中，表现最佳和表现最差的基金往往属于同一类别。例如，2017年，新兴市场基金是表现最好的基金。这些基金经理是天才吗？不是。新兴市场指数的表现超过了大多数指数。这些基金经理只是碰巧在新兴市场资产类别表现良好的那一年管理新兴市场基金。第二年新兴市场遭受打击时，同样的这些基金经理表现得就相当糟糕。这些基金经理是傻瓜吗？不。他们只是碰巧在这一资产类别表现不佳的一年管理此类别基金。

现实情况是，投资者在看业绩时必须记住两个要点。一是无论基金经理的表现如何，未来他们输给指数的概率非常大。二是即使基金经理表现出色，大部分回报只表明某种资产类别的表现，而不能表明基金经理的能力。基金经理大多时候只是搭个便车罢了。

误区 9：认为市场下跌是防守的时机

股票是人们在打折时唯一不愿购买的东西。

——不详

当市场下跌时，本书提及的所有强大"力量"——从媒体到你的行为本能，都会鼓励你采取行动来保护投资组合。通常情况下，这意味着通过套现或改变投资组合资产配置来"防守"。但这往往大错特错——这是投资者能犯下的最严重的错误之一。正如我们在第一章中已经详尽介绍的，这种策略不仅不起作用，而且弊大于利。面对市场下跌，你的反应应该是完全相反的。如果你喜欢26000点的市场，那么你应该也喜欢20000点的市场。

你的资产配置应该是你目标的一个函数。如果你的投资组合中有60%是股票，而市场下跌了20%，你应该买入更多的股票，使你的投资组合恢复到目标配置。此时卖出股票是在最糟糕的时间放弃计划。

股票似乎是打折时无人愿意购买的东西。如果你喜欢的餐厅的所有食物正在半价优惠，你就会多吃一点儿；如果你喜欢的车半价出售，你就会很快入手一辆；如果一家杂货店所有商品降价50%，你就会疯狂购物。然而，当股票价格下跌一半时，投资者就会仿佛被冻住一般，什么都不做，或作出更糟糕的选择：卖出。相反，他们等待股票价格翻一番后又想买入了！不要理会所有那些诱导你，甚至促使你感到恐慌并作出错误决定的预言家。记住，对于一切在打折的东西，要立马购买。

避免错误 3——对业绩和财经信息的误解

知识的最大敌人不是无知，而是拥有知识的错觉。

——丹尼尔·J·布尔斯廷（Daniel J. Boorstin）

投资者遇到的大部分财经信息是毫无价值的、破坏性或误导性的。为了使自己免受此类信息的误导，投资者必须了解"参考集"的工作原理，意识到业绩数据可能会误导投资者，以怀疑的态度看待财经新闻。最重要的是，要培养过滤干扰的能力。

错误 4 作茧自缚，自讨苦吃

投资人最重要的资质不是智力，而是性格。

——沃伦·巴菲特

大多数对投资感兴趣的人都会深入地研究并阅读市场时机选择和选股信息，使用在线服务并时刻关注财经新闻。这仿佛意味着：他们知道的越多、消息越灵通，他们犯错的可能性就越小。然而事实并非如此。如果你有正常的智力水平并理解这本书的基本原则，你将有可能在收益上超过绝大多数的投资者。这里的关键是不要把事情搞砸。不幸的是，搞砸投资却有很多途径。到目前为止，我们已经研究了一些弊大于利的策略。但就我个人而言，没有什么比投资者在情绪驱使下犯下的错误更能对财务造成破坏了。关键是要认识到你的行为偏差，这样你就可以有意识地保护自己不犯错误。下面就让我们一探究竟吧。

恐惧、贪婪和从众

相比令人印象深刻的历史经验，恐惧对人类行为的影响则更大。

——杰里米·西格尔（Jeremy Siegel）

人性的弱点总是充满贪婪、恐惧或者愚蠢，这是完全可以预测的，但是我们无法预测这种人性弱点的发生顺序。

——沃伦·巴菲特

市场上典型的一年（见图4.1）……

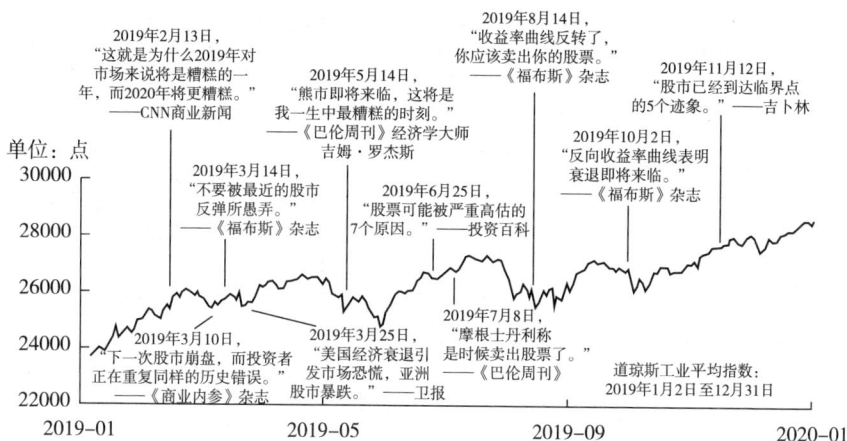

2019年2月13日，"这就是为什么2019年对市场来说将是糟糕的一年，而2020年将更糟糕。"——CNN商业新闻

2019年8月14日，"收益率曲线反转了，你应该卖出你的股票。"——《福布斯》杂志

2019年11月12日，"股市已经到达临界点的5个迹象。"——吉卜林

2019年3月14日，"不要被最近的股市反弹所愚弄。"——《福布斯》杂志

2019年5月14日，"熊市即将来临，这将是我一生中最糟糕的时刻。"——《巴伦周刊》经济学大师吉姆·罗杰斯

2019年10月2日，"反向收益率曲线表明衰退即将来临。"——《福布斯》杂志

2019年6月25日，"股票可能被严重高估的7个原因。"——投资百科

2019年3月10日，"下一次股市崩盘，而投资者正在重复同样的历史错误。"——《商业内参》杂志

2019年3月25日，"美国经济衰退引发市场恐慌，亚洲股市暴跌。"——卫报

2019年7月8日，"摩根士丹利称是时候卖出股票了。"——《巴伦周刊》

道琼斯工业平均指数：2019年1月2日至12月31日

单位：点
30000
28000
26000
24000
22000

2019–01　　2019–05　　2019–09　　2020–01

图4.1　2019年道琼斯工业平均指数趋势与媒体评估

[资料来源：沃伦·巴菲特，伯克希尔·哈撒韦公司（Berkshire Hathaway）首席执行官。

©2020，Warren Buffett]

对于人类来说，恐惧和贪婪是我们最丑陋的两个特性，也是最强大的力量。它们不但会影响我们的生活方式，还会对投资者产生非常负面的影响。新手投资者会成为它的猎物，传奇投资者知道如何控制它，媒体和市场预测者会利用它。这两种情绪，再加上我们天生的从众倾向，可能会导致重大的投资失误。人类天生就喜欢群居、随大流，并在共识中寻求安全感。如果市场正在下跌，而媒体、评论员和我们的朋友们都在大喊着"赶快离开！"，我们的从众本能，加上恐惧的强大力量，会趋使着每个人做同样的事情。如果市场止跌回升，每个人都在说"全速前进！"，我们的从众本能，加上贪婪的诱惑力量，将诱使我们加入人群。

从众本能的代价可能非常高昂。1984—1995年，标普500指数每年上涨15.4%，共同基金平均每年上涨12.3%。而在同一时期，普通投资者的收益平均只上涨了6.3%。这是为什么呢？因为投资者会退出表现不佳的市场，买进其他表现良好的，他们总是在错误的时间涌入错误的市场。这在几乎每一个重要的牛市和熊市里都会发生（见表4.1）。

错误4　作茧自缚，自讨苦吃

表4.1　牛市和熊市节点前后的股票、配置及现金流数据

| | 日期 | 股票权重 | 投资者前两年现金流量（百万美元） | | 股市表现（累积） | |
			股票基金	债券基金	两年以前	随后两年
20世纪90年代初的牛市	1993年1月31日	34%	—	—	—	—
牛市顶峰	2000年3月31日	62%	393225	5100	41%	−23%
熊市底部	2003年2月28日	40%	71815	221475	−29%	53%
牛市顶峰	2007年10月31日	62%	424193	173907	34%	−29%
熊市底部	2009年2月28日	37%	−49942 *	83921 *	−51% *	94%

资料来源：《先锋领航的成功投资原则》（*Vanguard's Principles for Investing Success*），先锋领航集团，2013年；晨星公司的股票、配置和现金流数据；汤森路透市场回报数据流。

不幸的是，这些本能给投资者造成了无法弥补的损失。尽管100多年来市场一直在上涨，但投资者却总是被一些强大的人性力量所吞噬，从而破坏了本应获得的收益。在熊市中，投资者大多是卖家。而事实上，如果他们什么都不做，无论他们什么时候买进，都将获得可观的收益。更老练的投资者会抓住这个机会买入更多股票，这种策略通常被称为机会再平衡。在市场大幅下跌时，聪明的投资者会抛售债券，买进股票。只要有耐心，这种策略每次都会让投资者处于一个更有利的位置。沃伦·巴菲特（Warren Buffett）历来都保持自己的头寸，并在投资者歇斯底里时大举加仓。他说："别人贪婪时我恐惧，别人恐惧时我贪婪。"对于那些试图控制恐惧、贪婪和从众等诱因的投资者来说，他的话就是福音。

在2014年的一次采访中，美联储前主席艾伦·格林斯潘（Alan Greenspan）回顾了他所学到的一切。有趣的是，他没有做大量的经济学分析，而是分享了他对人类行为的观察，他说："如果你能咬紧牙关，无视市场的短期下跌，甚至是长期下跌，你将会获得不错的回

报。我的意思是，你把所有的钱都投在股票上，然后回家，不再看你的投资组合，你会发现，这比你交易它要好得多。原因在于恐惧和贪婪之间的非对称性。最成功的股票市场参与者和最好的投资者，是那些认识到恐惧和贪婪二者之间的非对称偏差是可相互转换的，而恰恰不会因为这个原因而失败的人。因此，这里保持稳定策略非常重要，但随恐惧和贪婪而来的是更多的垃圾数据，更多的垃圾分析，以及更多的、本不应该被写出来的股市通讯。这简直是荒唐。"

有趣的是，在他的整个职业生涯中，格林斯潘从本质上认识到，几乎所有的事情都是干扰，他发现那些业绩表现最好的人的不同之处是，他们从不因为害怕而卖出，而是在别人害怕的时候抓住机会买进。格林斯潘只认可一个可交换的概念，即恐惧和贪婪之间的互换。控制你的恐惧，控制你的贪婪，避免从众心态，事情就会好起来。这是被大多数人认为是世界上最有影响力的人——格林斯潘在其任期内的一些相当有趣的见解。

行为经济咨询公司市场心理（MarketPsych）的联合创始人弗兰克·默萨博士（Dr. Frank Murtha）说："投资过程充满压力，而这种压力会让我们在市场困难时期做出情绪化（通常是基于恐惧）的决定。"他接着说，"基于恐惧作出的决定阻碍了财务目标的实现，因为这种决定关注的是情绪需求，即满足其"再次感到一切尽在掌握"的欲望，而不是财务需求。"没有什么比看着自己的投资组合日复一日、周复一周、月复一月地下跌更让投资者感到恐惧的了。但当我们用图表回顾回调和熊市行情时，情况看起来并没有那么糟糕。但亲身经历这些时，那就完全是另一回事了。失控、投资组合正日益恶化，并对此无能为力的想法，将导致投资者恐慌并抛售。卖出会让他们觉得自己重新掌控了局面，但事实恰恰相反：市场正好打败了他们。如果你反复这样做，你就会输掉这场游戏。

与其在最糟糕的时候恐惧、抛售，或者在市场上涨时贪婪，投资者更应该控制自己的情绪——不仅要避免恐慌，还要接受市场的波动：因为这是一个机会，也是一个礼物。抑制那些让你成为糟糕投资者的本能，欣然接受那些让本能浮出水面的波动。

过度自信效应

没有什么比不欺骗自己更难的了。

——路德维希·维特根斯坦（Ludwig Wittgenstein）

过度自信效应是一种根深蒂固的偏见，即某人对自己所做的判断的信心超出现实，特别是当信心程度相对较高时。不过，让我提前说明一下：对自己的能力充满信心并没有什么错。你妈妈希望你自信，你的教练希望你自信，我也希望你自信。然而，过度自信是相当危险的，因为这意味着你高估了自己做好某事的能力。这可能导致人们在生活和投资中做出一些相对糟糕的决策。

在《决策与判断》中，斯科特·普劳斯（Scott Plous）说："在判断和决策方面，没有什么问题比过度自信更普遍、更具有潜在的灾难性。"过度自信被指责为诉讼、罢工、战争、股市泡沫和崩溃的罪魁祸首。这里他没有夸张。

心理学家马克·阿尔珀特（Marc Alpert）和霍华德·莱法（Howard Raiffa）进行了多项研究，向参与者询问了大量问题。例如，美国进口了多少辆外国汽车，波士顿的电话簿上列出了多少医生，等等。参与者被告知，他们可以根据自己的喜好给出一个区间答案，比如1到100万之间，但偏离范围不能超过正确答案的2%。在这些研究中，参与者的平均错误率超过了40%。阿尔珀特和莱法将这种个体高估自身能力的有趣偏见称为"过度自信效应"。从那以后，行为科学家们就开始研究这个概念。

我们现在知道，当有人说他们"99%确定"时，他们实际上有80%的可能性是正确的。人们总是说他们"99%确定"，但记住当他们说这话时他们实际的准确性，可以帮助你做出更好的决定，并让生活更有趣。[①]一项又一项研究证实了过度自信效应的巨大影响：93%的见习司机说他们的驾驶水平高于平均水平，94%的大学教授认为他们高于平均水平，大多数人认为他们是高于平均水平的恋人[②]，85%的人相信他们的未来会比普通人更幸福[③]。不过，我最喜欢的是对学生品格的研究：79%的人表示他们的品格比大多数人都好，尽管他们之中27%的人从商店偷过东西，60%的人在前一年的考试中作过弊。

在投资领域，对过度自信效应的研究和记录比其他领域都要多。金融学教授布拉德·巴伯（Brad Barber）和特伦斯·奥丁（Terrance Odean）进行了一项研究，比较了男性和女性的投资表现。他们研究了3.5万户家庭在过去五年内的交易模式。他们发现，男性由于对自己能力的过度自信而进行的交易比女性多45%。这些过度自信到底给他们带来了什么？这些交易导致他们的平均收益每年减少2.65%，远远低于女性的平均收益。最重要的是，男性支付更多的交易费用和税费。过度自信可能会付出很大的代价。

在另一项研究中，一名研究人员发现，当分析师对某只股票的上涨有80%的把握时，他们的正确率只有40%。2006年的一项研究中，研究员詹姆斯·蒙蒂尔（James Montier）调查了300名职业基金经理，要求他们对自己的表现进行评价。在接受调查的经理中，有74%的人表示，他们的工作表现高于平均水平。扎卡拉基斯（Zacharakis）和谢帕德（Shepherd）发现，风险资本家对他们所投资的公司的成功前景过于自信。研究发现，96%的风险资本家表现出过度自信。换句话说，整体而言，专业投资人士在他们应该做得最好的事情上犯了可怕

---

① 你的配偶99%确定他带了公寓的钥匙吗？你的儿子99%确定他倒了垃圾吗？你99%确定你付过账单吗？当有人说他们对某件事有99%的把握时，我们知道他们对的概率是80%，我99%确信没有比这更有趣的事情了。下次你跳伞的时候，如果有人告诉你，他们99%肯定降落伞打包正确，请记住这一点。

② 承认吧，你为自己感到骄傲。

③ 至少我们是一群乐观的人。

的错误：衡量某个特定结果的可能性。

理查兹·霍耶尔（Richards Heuer）研究了美国中央情报局分析员的行为偏差。其中一个关键的研究很有趣："一旦一个有经验的分析师拥有做出判断所需的最低限度的信息，获得额外信息通常不会提高他估计的准确性。然而，这些额外的信息确实会使分析师对判断更加自信，达到过度自信的程度。"

在与俄勒冈研究所合作的一项关于这一效应的研究中，保罗·斯洛维奇（Paul Slovic）研究了向预测赛马结果的人提供额外信息的影响。首先他们给每个人5条重要的信息，并要求他们做出预测。然后额外给每个人35条信息。当斯洛维奇要求他们预测时，这些人的准确率比之前更低，但自信度是之前的两倍！

额外信息对投资的影响是类似的。我们知道，那些收集更多信息的人对自己的投资感觉更好，也交易更多，我们也知道，那些交易更多的人业绩更差。投资者误以为他们收集的所有额外信息都是增加的情报，使他们能够进行有利的交易。相反，这些研究证明，增加的信息会导致过度自信。过度自信导致的账户进出活动浪费了大量的时间、金钱、精力并产生压力，所有这些都导致了业绩不佳。

在你认为聪明的自己不会成为过度自信效应的牺牲品之前，请注意斯科特·普劳斯（Scott Plous）的研究发现，智力与过度自信之间没有任何联系。事实上，有大量证据表明，越聪明的人越有可能过于自信。研究表明，医生、律师、工程师和企业家都在各自的领域表现得过度自信。例如，医生经常高估自己诊断某些疾病的能力。在民事案件中，律师总是高估自己一方获胜的概率。专业人士也会把这种过度自信带入投资领域，在投资中他们会犯错误，也会业绩不佳。

过度自信可以击垮最老练的投资者。2011年，经纪和交易公司曼氏金融因对欧洲债务的大规模押注失败而成为史上最大的破产公司之一。公司垮台的原因几乎完全归咎于其首席执行官、前政府官员、高盛前主席乔恩·科尔赞（Jon Corzine）及其交易员团队的过度自信。

2012年，世界上最大的投资银行之一摩根大通的交易员因疯狂的交易策略造成了20亿美元的损失，震惊了市场。国会担心这预示着2008年的经济危机即将重演，于是把摩根大通首席执行官杰米·戴蒙（Jamie Dimon）拉进了国会听证会。听证会的目的是确定市场动荡的原因，以防止这种情况再次发生。参议院议员希望听到原因是复杂的交易算法、衍生品或计算机故障。相反，戴蒙在证词中指出，交易亏损是由于"自满"导致的"过度自信"。

当你听到有人做出大胆的市场预测时，通常会伴随着强烈的过度自信。要预测短期市场走势，有太多的变数，任何了解市场的人都不会做出大胆的短期预测。越是大胆预测，这个观点的可信度就越低。

确认偏差

人们只有在未来符合自己意愿的时候才能预见未来，因为当最明显的事实不愿意被人们接受的时候，是被忽略的。

— 乔治·奥威尔（George Orwell）

确认偏差指人们倾向于寻找和偏爱那些能证实他们先入之见和信念的信息，而避免、贬低或摒除与他们的信念相冲突的信息。

例如，保守派可能会看《华尔街日报》、《德拉吉报道》、福克斯新闻，而自由派可能会看《纽约时报》、《赫芬顿邮报》、微软全国有线广播电视公司新闻台。他们都在寻找通常能证实自己观点的信息，并尽量避免与自己观点冲突的信息。你最近一次被订阅杂志、买的书、定期收听或观看的政治评论员质疑观点是什么时候？如果你和大多数人一样，那是很久以前的事了。事实上，你可能花了大部分时间去验证你认为正确的"事实"。

如果我让你写下你对热门政治和宗教话题的十大观点，你会怎么写？想想那些容易让人们情绪激动的话题：枪支、堕胎、财政政策、全球变暖、宗教信仰等。现在，你认为你这十个观点都是正确的吗？

如果我让世界上最有声望和权威的人就这十个主题表达他们的看法，你会改变自己的想法吗？可能不会。相反，你可能会贬低或忽略他们要说的几乎所有内容。

你看，我们都认为自己是对的——不仅仅是在某些事情上，而是在所有事情上！我们不断地寻找方法来验证我们的想法。而更睿智的人则恰恰相反，他们积极寻求相反的观点、挑战他们的观点，甚至偶尔也会改变原来的想法。[①]

为了更好地控制这种被称为确认偏差的强大力量，你需要认识到，大脑里有一个不断鼓励你验证你先入之见的"小恶魔"。如果你在生活中不能做到这一点，那么，当涉及投资时，你至少可以尝试控制确认偏差。

有充分的证据表明，确认偏差渗透了投资者决策的全过程。例如，一旦投资者喜欢某只股票，他可能会寻找验证该股票的信息。在2010年的一项研究中，研究人员表明，投资者通过阅读留言板来试图验证他们所拥有的股票是明智之举，而不是为了遭到质疑。如果我们拥有一只股票，我们往往会寻找任何能证明我们应该购买它的证据并强化我们应该继续持有它的理由。

就连沃伦·巴菲特也承认，他发现自己成了确认偏差的牺牲品，并积极寻找坚决反对他观点的其他投资者。应对确认偏差的一种方法是问问自己所有可能出错的地方。例如，如果你想投入某项特定的投资，就假设10年过去了，你已经在它身上损失了一大笔钱。问问自己所有可能出错的地方：强迫你的大脑去接受甚至欢迎相反的想法。

---

① 你最后一次在任何重大议题上改变你的观点是什么时候？对自己要诚实。

锚定

锚定启发法贯穿于人类的决策过程……

——麦克尔罗伊（McElroy）和多德（Dowd）

20世纪70年代，心理学家丹尼尔·卡内曼（Daniel Kahneman）和阿莫斯·特沃斯基（Amos Tversky）发现了"锚定"效应。卡内曼获得了2002年诺贝尔经济学奖。特沃斯基于1996年去世，他本可以分享这一奖项。他们的研究打开了人类偏见影响各种决策的闸门。

锚定是心理学家用来解释大脑如何通过走捷径来得出结论的一个术语。简言之，我们倾向于过度依赖进入大脑的第一条信息，这条信息就是"锚"。一旦锚定了，未来的所有决定都围绕着这个锚，腐蚀着理性思维。如果你不确定正确的答案，你很可能就会成为锚定偏见的受害者，并根据最近得到的信息猜测一个答案。例如，如果问你津巴布韦的人口是多于还是少于2000万人，你就会给出一个选择。然后，如果问你认为实际人口是多少，你给出的答案可能是接近2000万人。

锚定对于新手和有经验的谈判者来说耳熟能详。在谈判中抛出的第一个价格往往会成为决定因素。营销人员抓住了这种锚定偏见。你每次去杂货店都会遇到这种情况。在一个有趣的实验中[①]，首先汪辛克（Wansink）、肯特（Kent）和霍克（Hoch）设立了一个金宝汤[②]展示架，以79美分一罐出售，上面写着"无限量"。然后他们又加了一个牌子，上面写着："每人限购12罐。"可无限额购买减价汤的顾客平均购买了3.3罐。而以同样的价格，在限购12罐的情况下，顾客购买了7罐。购物者被锚定在数字"12"上，并赋予它一些意义（例如，"哇，这一定很划算，杂货店不想让我买很多，否则他们会亏

---

① 有人曾告诉我，我很容易感到乐趣。

② 译者注：金宝汤（Campbell's Soup）为美国罐装汤汁品牌。

本。"）关于锚定效应的研究有很多。它是真实的，它是生动的，我们中的许多人多年来一直在不知情的情况下成为它的受害者！

但，等等，这是一本关于投资的书。不过，我相信你知道我在说什么！你猜对了，股票购买的锚定效应通常是你的购买价格。如果你花50美元买入一只股票，后来跌到了30美元，你可能会一直持有直到它回到50美元，或者你甚至会买更多，因为你认为它值50美元。如果相反，股票从50美元涨到70美元，你可能就会卖掉它，因为你认为它被高估了，它的价格远远高于50美元。锚会影响你的决策。许多投资者都是"锚定"的受害者，他们购买的股票远低于其高点（"现在真是便宜！"），或者没有购买的股票已经升至新高（"现在价格太高了！"）。现实是，在这两种情况下，由于一方的买家和另一方的卖家数量相等，股票的定价通常都非常接近它应该达到的水平。投资者认为价格便宜或价格被高估的唯一原因是股价与过去的"锚定"价格相偏离。随着对锚定偏见认识的增强，你可以避免持有"坏股票"的时间过长，或过早卖出"好股票"。此外你还可以在杂货店省点儿钱。

损失厌恶

制订一个长期计划——并且别把它丢在一边不管——是我们应对损失厌恶的关键。

——奥瑞·布莱福曼（Ori Brafman）和罗姆·布莱福曼（Rom Brafman）

卡内曼和特沃斯基也因他们对另一种强大的人类偏见的研究而受到称赞，他们将这种偏见称为"损失厌恶"。损失厌恶是人类比起获得收益更愿意避免损失的一种更强烈的偏见。换句话说，我们害怕失败的程度超过了我们享受成功的程度。失去给我们造成的伤害，比我们从收获中得到的喜悦多得多。

卡内曼和特沃斯基的大量研究表明，人类从失去中感受到的痛苦大约是从收获中获得快乐的两倍。

在一项研究中，研究人员给其中一组人一支钢笔，笔上标有3.98美元的价格标签。然后他们向一组没有钢笔的人询问愿意花多少钱买一支钢笔，向有钢笔的那组人询问愿意卖多少钱。那些没有钢笔的人对钢笔的估价比有钢笔的人低得多。这是为什么呢？因为那些已经有笔的人不想以低于3.98美元的价格卖出，那些没有笔的人不想为买笔而"失去"3.98美元或更多。

你最近去过珠宝店吗？你有没有注意到他们是怎么把珠宝放在你手里或者让你戴上它的？他们非常清楚损失厌恶是如何起作用的。这种对损失的厌恶也被称为"禀赋效应"或"现状效应"，意味着一旦你手里有了笔、珠宝或其他东西，你就会觉得它是你的，而且你不想失去它。①

损失厌恶对投资者造成的损害可能比对其他任何群体都要大。损失厌恶是投资者持有现金的原因，他们明明知道会失去手里钱的购买力，但仍有意地这样做。几十年来，货币市场平均收益率一直远低于通胀率。尽管如此，投资者愿意每天损失一点点儿，以避免实际投资的潜在损失。有了这样的计划，购买力可以在短短24年内减半！

损失厌恶让你无论如何也不会丢掉早在1994年就已不合身的裤子、2003年以来就未穿过的毛衣、不会丢掉所有堆放在你的车库、阁楼或其他塞在家中储物空间缝隙里的东西。丢掉这些吧。轻装前进！

损失厌恶是你在股票下跌后仍然长期持有的原因。你不想承认损失，承认损失意味着要承认你犯了错误。等股票反弹回来要好得多，对吧？每当我和一个不回本就不卖出的客户谈话时，我会问他一个简单的问题："如果你拥有的是现金而不是这只股票，并且知道这只股票会给你带来何种收益，你今天还会买这只股票吗？"答案几乎总是

---

① 如销售员经常会这么说："让我们看看这条项链是否适合你。""我打赌这件上衣穿在你身上会很棒。让我们试穿一下。""我们把车开去试一下，怎么样？"

否定的。这时，我们就知道投资者之所以坚持持有，只是因为损失厌恶效应。简单地认识到我们的思维是如何运作的和理解损失厌恶对我们决策的影响，可以帮助我们成为更好的投资者。[①]

心理账户

由于大脑意识在特定的时间内只能处理少数几个想法，所以大脑不断地试图把东西"模块化"，使复杂的生活更易于管理。我们不会数所消费的每一分钱，而是把钱都划分成特定的购得物。由于我们缺乏以其他方式思考的计算能力，因此依赖于具有误导性的捷径。

——乔纳·莱勒（Jonah Lehrer）

理查德·塞勒（Richard Thaler）以其在行为经济学领域的工作以及识别和定义心理账户而闻名。通过心理账户，一个人将他们当前和未来的资产分割成单独的、不可转让的部分。

例如，在一项强调心理计算的影响的研究中，参与者被问及以下问题：

假设你决定去看一场电影，并支付了10美元购买一张票。当你进入电影院时，却发现你把票弄丢了。这张票无法找回。你愿意付10美元再买一张票吗？只有46%的参与者表示他们会再买一张票。然后他问了参与者一个类似的问题：假设你决定去看一场票价为10美元的电影。当你进入电影院时，你发现你丢了10美元。你还愿意花10美元买一张电影票吗？尽管其经济影响与第一个问题完全一样，但有88%的参与者说，他们会买一张电影票！

在这两种情况下，参与者都在已经失去了10美元后被要求再花10美元买一张票。参与者的不同反应是由心理账户强大的影响力造成的。一旦参与者有了一张电影票，他们就会把它分配到心理账户中

---

① 并使我们不太可能以杂乱无章的方式进入下一集《囤积者》节目。

"娱乐"这一栏。他们已经失去了看电影的预算，所以他们不打算超出预算再买一张票。后一组没有花10美元买电影票，而是丢了10美元。这组人还没有将10美元分配给电影票，因此他们愿意购买这张票。这项研究表明，我们对每一分钱的看法并不相同，即使每一分钱本应是相同的。

心理学家哈尔·阿克斯（Hal Arkes）的研究表明，心理账户是退税和彩票奖金经常被迅速挥霍的原因。心理账户使人们把退税和彩票奖金归为"免费的钱"这一栏，尽管我们都知道一分钱也是钱！

社会学家维维安娜·泽利泽（Viviana Zelizer）引用了一项关于奥斯陆卖淫市场的研究，指出这一原则甚至适用于那些从事世界上最古老职业的性工作者们花费收入的方式。研究中的性工作者用她们的社会救济和健康抚恤金来支付房租和其他账单，并使用她们在性交易中获得的钱吸毒和酗酒。心理账户在人类生活中根深蒂固。

如果你曾经赌博并碰巧赢了，你可能会注意到，当你使用"赌资"时，你可能会变本加厉，更肆无忌惮地去赌博。这是心理账户效应在起作用。钱就是钱，我们只是因为人类的偏见而对其作出了不同的解释。心理账户影响着我们在日常生活中做的决定，并导致落入其陷阱的投资者损失财富。如果投资者分开看待每一项投资，他就是在为每一项投资创建单独的心理账户。这样做，投资者更有可能继续持有任何亏损账户中的"坏股票"，以等待该账户收支平衡，然后抛售获利账户中的"好股票"，以"锁定收益"。

如果你持有不同的投资账户，请记住，不应单独评判它们，而应看它们是否对你的长期目标有适当的贡献。从"大局"来看，要更容易判断你是否正在追随你的长期目标。分别查看每项投资或子账户可能会导致心理账户引发糟糕的决策。减少心理账户在投资中的影响的一种方法是将尽可能多的投资集中到一个账户中。这样做会让你更容易从整体上做出有意义的决定，并降低心理账户效应。

近期偏差

要是过去只是序幕，那将是一件很棒的事情。但回报不是持久的。牛市会变坏，熊市也会变好。市场的走势总是违背人类的心理。如果某件事在过去表现得很好，它在未来也会表现得很好——这是不正确的。这绝对是错误的。

——约翰·博格尔（John Bogle）

投资者将他们最近看到的东西投射到未来。这是他们不可动摇的习惯。

——沃伦·巴菲特

近期偏差是指将一个人最近的经历或观感投射到未来的倾向。这个心理捷径使我们基于最近发生的事去预测未来。问题是，这种心理捷径会给投资者带来很多问题。

人类大脑被设定为尽可能容易地做出决定。大多数时候，我们最近看到的模式会在未来重演。这对穴居人而言非常有用。如果你连续三天在某个洞穴附近看到一只剑齿虎，最好避开那个洞穴！我们生活的世界也以许多方式促进近期偏差。

金融媒体长期存在近期偏差。研究人员回顾了《财富》《福布斯》和《商业周刊》20多年来关于公司的封面故事，将549篇封面故事分为正面、中性和负面三大类。观察封面故事刊登前500天的市场表现，他们发现，42.7%有正面故事的公司平均业绩高于指数；34.6%有负面故事的公司平均业绩低于指数。在封面报道之后的500天里，负面评价的公司表现高于指数的概率为12.4%，而正面评价的公司表现高于指数的概率为4.2%。

在投资方面，近期偏差是一种危险的本能，如果不加以控制，可能要付出高昂的代价。研究表明，经纪人倾向于推荐那些在前一年表现优于大盘的热门股票，而这些被推荐的股票在接下来的一年往往表现不及大盘。投资者往往会买入那些已经连续数月上涨的股票，期待着这种趋势持续下去。

科技泡沫和"9·11"事件后的熊市接连出现，导致许多投资者预计熊市会再次出现，从而错过了市场复苏的时机。同样，市场在2008年底和2009年几乎一直在下跌，导致许多投资者预计近期的状况会继续下去。退出市场后，投资者错过了必然出现的复苏。每当市场看起来平静并稳步上涨时，资金就会从场外涌入，急于在稳定时期买入。

当然，市场并不是这样运作的。不管前一年发生了什么，市场都很有可能在任何一年的年底朝着好的方向转变。而且，无论前几周、几个月或几年发生了什么，市场都很有可能在任一年里出现回调。最后，无论前一个十年发生什么，投资者都可以预期市场在任何一个十年中会出现大约两次熊市。

近期偏差曾对穴居人很有用，甚至在今天也对我们的一些日常活动有所帮助。而在投资领域，近期偏差带来的不是帮助而是损害。不幸的是，近期偏差对该领域的危害最为沉重。

彭博社经常请策略师推荐股票配置。请注意，在图4.3中，策略师在2001年互联网泡沫破裂前夕的市场峰值时推荐配置最多的股票，在2009年的市场低点时推荐配置最少的股票。这些建议反映了分析师们的想法，即近期的事件可能会继续下去。在这两种情况下，他们都大错特错，而且任何遵循这一建议的人的投资组合都损失惨重。这是近期偏差在作怪。

在投资中克服近期偏差的一个有用的工具便是遵循一个固定的规则来管理资金。例如，如果你的投资组合中有70%的股票和30%的债券，你可以决定只有当配置变化超过5%时才重新平衡。另一个方法是根据日历设置交易。例如，假设你正在卖出大量的单一股票头寸。在这种情况下，你可以每个月卖出1/5，直到实现多样化配置，这样你就不会因为每个月要做出是否卖出的新决定而烦恼，这样的新决定很可能会受到近期事件的影响。有了这样一个规则，你的投资决定将基于你自律的过程，而不是最近的市场事件。

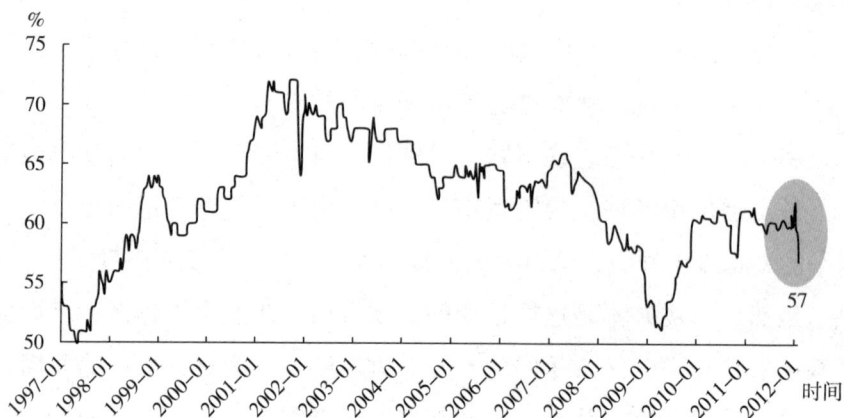

图4.3　华尔街策略师推荐的股票配置占比

[资料来源：《华尔街策略师继续看跌》（*Wall Street Strategists Remain Bearish*），2012

年。©Bespoke Investment Group LLC.]

消极偏见

与蟑螂短暂接触通常会使一顿美味的饭菜无法食用。颠倒的情形——与喜欢的食物接触使得盘子里的一堆蟑螂也变得可以食用——这是闻所未闻的。

——保罗·罗津（Paul Rozin）和爱德华·罗伊兹曼（Edward Royzman）

消极偏见是人类回忆消极经历比回忆积极经历更生动的天性，因此要有意识地采取行动来避免消极经历。

这种消极的偏见的确帮助人类在几千年前生存了下来。对可能致命的潜在的事物保持警惕是有道理的，比如野生动物，拿着长矛的疯子等。如今，消极偏见却成了拖累那些毫无戒心的人的负担。

消极偏见是一种强大的本能。特蕾莎·阿马比尔（Teresa Amabile）和史蒂文·克雷默（Steven Kramer）研究了专业人士的工作日，发现消极的挫折，即使很小，与积极进步对幸福的影响相比，是其两倍。研究人员还发现，负向强化的学习速度比正向强化快①。研究人员在分析语言时发现，62%的情感词汇是负面的，74%的描述个性特征的词汇是负面的。研究表明，消极偏见是儿童与生俱来的，他们认为积极的面孔是好的，消极的面孔是坏的，令人惊讶的是，他们把中性的面部表情看作消极的。研究告诉我们，即使是婴儿也有消极偏见，这几乎证明了我们"天生如此"。

有多少次，当你结束了与某人的谈话后怀疑他对你不满，只是因为他一直没有微笑？这种消极偏见甚至影响到婚姻。约翰·戈特曼的研究表明，和我们一样，已婚夫妇也会有积极和消极的互动。然而，对于延续一段婚姻来说，积极互动与消极互动的比例需要是5：1。这就是消极偏见的力量。②

这就是为什么新闻给我们的负面信息远远多于正面信息。媒体会报道"热浪中死了3个人！"而不是"洛杉矶10年来天气最好的一年！""芝加哥的飞机滑出了跑道"，也不是"三年来没有发生过致命的飞机事故，成功打破了行业记录"。这也是为什么在竞选季节，一个政客会花更多时间在对手的负面信息上，而花更少的时间在自己的正面信息上——他在迎合我们的消极偏见，而这种偏见会产生更大的共鸣。

你一定会感到疑惑：这和投资有什么关系？消极偏见在投资领域发挥了很好的作用。我们知道，投资者感受到的损失痛苦是收益快乐的两倍。这种向消极方向的倾斜促使患有消极偏见的投资者在市场下跌期间卖出股票——而这恰恰是错误的时间。他们宁愿及时套现，也不愿经受消极经历的痛苦。当最近发生的事件使这种偏见变得更加尖锐时，消极偏见就变得尤其危险。这种现象在行为科学领域被称为

----

① 好吧，这有点让人沮丧！

② 休息一下，告诉你的配偶你爱他们！

"生动性"。有些投资者安然度过了回调，但在经历了严重的熊市（比如2008年和2009年的金融危机）之后，这种经历的生动形象加上消极偏见便会让投资者难以承受。只要市场稍有调整，投资者就会在错误的时间惊慌失措并抛售股票。即使是最轻微的市场下跌所产生的"生动性"也可以给投资者造成一种应激反应。

和所有的行为偏见一样，克服它的最好方法便是意识到它，识别它，并在消极偏见对你或你的投资组合产生负面影响之前消除它。

赌徒

你得知道什么时候该拥有，什么时候该放手，什么时候该离开，什么时候该逃跑。

——肯尼·罗杰斯（Kenny Rogers）

我们内心都有一个赌徒。问题在于，我们能否控制住他。有一些人是投机者，在市场中下注，希望得到最好的结果。投机者包括大多数交易期权、选择市场时机或只押注一两个头寸的人，他们都希望能打出"全垒打"或击败市场。我们大多数人都喜欢把自己看作投资者。我们遵循严格的、可重复的策略，专注于长期投资，以增加目标实现的可能性。然而，我们很多人的内心也有一个小小的投机魔鬼。

我们都有一种下意识的赌博欲望。这就是为什么拉斯维加斯总能找到赚钱的方法。人类的心理是这样的，如果我们赢了，内啡肽会极速飙升，这会让我们感到开心和亢奋，我们就会继续玩下去。人类心理学也鼓励我们在输时继续游戏。我们继续游戏有两个原因：一是我们想再次感到兴奋，二是因为我们讨厌失败并非常希望收支平衡。赌场当然知道这一点。赌场以利于自己的赔率开场，确保赔率最终对庄家即赌场有利，但人类的偏见促使我们无论输赢，都会继续玩下去。

你看，在21点①赢一手牌的概率大约是49%。如果人们在21点只下注一次或两次，赌场就不能继续营业了。因为赌场在一半的时间里会输。但是，如果你玩了几百手的21点，你的胜算绝对是不利的。你最后一次玩21点或任何赌博游戏是什么时候？

市场也同样无情。虽然市场本身在上涨，但其中的股票会随机波动，正如我们所知，大多数股票的表现都不及市场。股票交易也有一两家每次都能获利的"机构"：收取佣金的经纪公司和收税的美国国税局。投资者在股票交易中获胜的概率与赌客在拉斯维加斯赌桌上获胜的概率相同：不到50%。和赌博一样，投资者交易的次数越多，赔率就越高，他就越容易输。

你有没有注意过在线交易平台的样子和声音？它是绿色和红色的，有滚动的行情，闪烁的图像和叮叮当当的声音，就像赌场一样。你觉得这仅仅是巧合吗？②

避免错误 4——作茧自缚，自讨苦吃

人类的思维是复杂的。我们似乎无法撼动数千年来与生俱来的许多原始本能。我们的一些偏见很快就会占据上风，尤其是那些本能的偏见，比如恐惧、贪婪和从众。然而，我们在这里讨论的所有行为金融偏见都很强大，影响着业余和专业人士的投资方式。

记住，市场从来不会从任何人手里拿走一分钱。如果想亏钱，你就得犯下本书中列举的任意一个错误。人们犯的最大错误是什么？放任自己的行为。归根结底，是我们自己的行为害了自己。避开这个陷阱的关键是要意识到你的直觉叫你作出怎样的决策，并认识到我们在本章中提到的"行为地雷"。退一步，放慢脚步，遵循你为自己和家人制定的严格的计划。除非你亲自把汽车开下悬崖，否则它会到达目的地。

---

① 译者注：black jack，是扑克牌游戏中的一种游戏规则，中文名为21点或者黑杰克。

② 不是的，这不是巧合。

错误 4 作茧自缚，自讨苦吃

97

错误 5　和糟糕的顾问一起工作

许多投资者都选择与金融顾问合作。高净值投资者比一般人更倾向于使用金融顾问。有很多不同的理论来解释这一现象。许多高净值家庭得出以下结论：

他们有太多财富，会因为犯下一个大错而损失惨重。

他们更有可能从税后、净利润的微小改善中受益。

他们更有可能从非投资规划建议中受益颇丰。

他们乐于雇用专业人士，并付费征求意见。

他们珍惜自己的时间，不想把时间浪费在财务决策上。

他们希望有人为解决自己及家庭目前遇到的问题出谋划策。

他们希望有人在自己丧失工作能力或去世后持续提供建议。

许多美国人犯了一个错误，他们一直等到拥有大量资产后才开始寻求投资帮助。尽早制定全面的成功路线图可以帮助投资者走上正确的轨道，为所有的努力指明正确的方向。诚然，增加的收益对较小的投资组合没有那么大的影响，但对于一个有10万美元可用于投资的人，有一个强大的顾问仍然可以对他实现投资目标产生很大的影响。当然，你是否想要雇用顾问取决于你自己，但如果你打算雇用顾问，要小心陷阱。

大多数顾问的作用弊大于利

我要告诉你一个金融服务业的大秘密：大多数顾问的作用弊大于利。

绝大多数的顾问都可以分为三个阵营：

1. 他们把保管你的钱作为常规业务的一部分。

2. 他们是伪装的推销员。

3. 他们运用弊大于利的策略，因为他们试图卖给你一些你想听的东西。即使知道这行不通或不知道在做什么，他们也会这样做。①

找顾问有很多门道，如果你能把握好托管、冲突和能力这三个核心问题，你将淘汰掉约 90% 的顾问，并且最终有大概率能找到一个能够胜任且不会偷你的钱的顾问。

顾问选择问题 1 ——托管

经纪人和顾问应该有独立的托管人，政府应该强制我有一个独立的托管人。客户资金应由独立托管人保管。如果政府这么做了，我应该早就被抓了。如果美国证券交易委员会曾对我进行检查，他们就会查看托管账户，并且发现我的账户上的资金与会计账上的资金不相符，我就会被抓住。

——伯尼·麦道夫（Patel，2013）

2008年，伯尼·麦道夫（Bernie Madoff）的丑闻被媒体大量报道。美国顶级基金经理之一的伯尼·麦道夫承认，他正在策划史上最大的庞氏骗局。他用新客户转入的钱来支付客户的提款。麦道夫被曝光的唯一原因是，随着市场暴跌，他面临着投资者大量的提款请求。因为麦道夫早就花掉或藏匿了客户的大部分资金，他没有资金来满足新的提款要求。随着股市的恐慌，新增存款无法满足新的取款需求。由于没有新的资金来掩盖历史上最大的金融欺诈，麦道夫坦白了。

伯尼·麦道夫的所作所为在许多方面都是卑鄙的。他不仅偷了超级富豪和名人的钱，还从慈善机构和基金会夺走了数亿美元。富商德拉维莱切特（René-Thierry Magonde La Villehuchet）给麦道夫介绍客

---

① 财务顾问们看到这段话后不会发邮件指责我吧?

户，因这层关系不堪受辱而自杀。许多麦道夫的前客户卖掉了他们的房子和其他资产。一些知名的基金会损失了大部分资金，有些甚至被迫关闭。

媒体的报道达到了狂热的程度，因为欺诈的规模如此之大，而且麦道夫并不是唯一一个从客户那里偷钱的基金经理。据估计，美国证券交易委员会在任何时候都在调查几百个疑似庞氏骗局的事件。庞氏骗局最常在市场崩溃时被曝光，比如2008年和2009年（见图5.1）。

在这些时期内骗子数量并没有增加，只是他们更容易被抓。在熊市期间，许多投资者惊慌失措，要求收回他们的钱，但因为钱被偷了、花了，而且由于市场动荡，没有新的资金流入，顾问无法满足提现请求而暴露。正如巴菲特所说："潮水退去时才能看到谁在裸泳。"

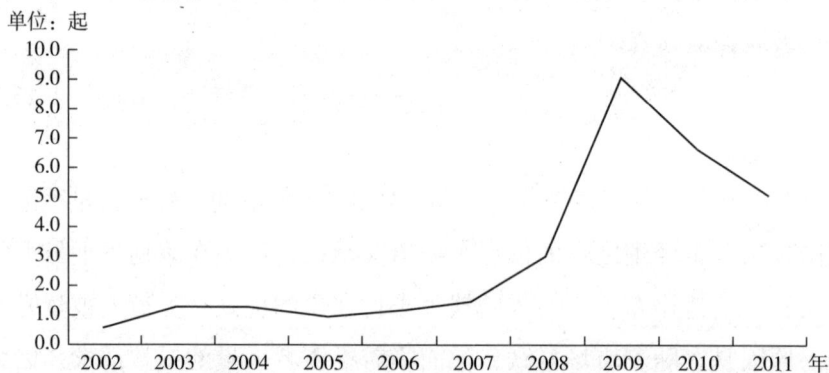

图5.1　年内月平均庞氏骗局曝光数量

[资料来源：克里斯托夫·T.马尔凯（Christopher T.Marquet），《马尔凯公司关于庞氏骗局的报告》（*The Marquet Report on Ponzi Schemes*），2011年。© Marquet International，Ltd.]

一些媒体人士指责投资者没有对顾问进行调查。然而，投资者怎么可能知道伯尼·麦道夫背后的勾当呢？如果进行背景调查，就会发现此人是许多高级俱乐部的成员、在慈善机构和医院的董事会任职，并积极参与宗教团体和宗教事业。他向各种慈善机构捐赠了数百万美元，他的客户包括一些世界上最睿智的投资者，他甚至担任过纳斯达克的主席。当然，也有人曾发现过一些危险信号。一位会计师和他的两名助理审计他的资金时，发现伯尼·麦道夫的投资回报率每年增长约10%，不符合现实世界的投资回报增长率。尽管如此，我们还是很难指责无辜的投资者。

真正的问题在于托管。当投资者和他们的顾问交谈时，最应该问的问题之一是："谁来托管我的钱？"如果有客户雇用了麦道夫，他们就会给"麦道夫投资公司"开一张支票，钱就会存入麦道夫投资公司账户。因此，麦道夫就拥有了客户资产的托管权。如果他从一个投资者的托管账户中取出全部的钱，然后把钱给另一个正在取款的投资者，没有人会知道其中的区别。伯尼·麦道夫的客户收到的报告只由伯尼·麦道夫的公司提供，报告里反映了他们的收益回报数据（不知怎的，回报从未下降）。

与顾问合作的理想方式是对资产进行分离。例如，首先找一个在全国性经纪公司为你开户的顾问。然后签署一份有限的委托书，授予顾问进行交易和仅对该账户开出账单的权利。顾问无权再进行其他提款。此外，如果你的顾问向你提供报告，请注意，你应该同时从经纪公司那里获得报表。

全国有成千上万的投资经理建议客户这样做，但有些没有。出于这个原因，对于一个投资者来说，选择一个坚持托管客户所有可投资资产的顾问是不明智的。

需要明确的是，使用第三方托管人的顾问仍然可以拥有各种形式的法定托管权。例如，如果顾问公司也是一家律师事务所并担任受托人，那么根据定义受托人就具有托管权。如果你与信托公司合作，根据法律，信托公司拥有托管权，这就是你雇用信托公司的部分原因——把你的资金委托给他们，而非受益人。此外，所有的顾问都有一定程度上的托管权，他们可以从你的账户中提取属于他们的费用。

虽然我们可以对托管规则进行细分，但这里的重点是，你的钱应该一直由第三方保管。然而，某些类型的投资却要求你放弃对资金的托管，这可能使你的钱成为庞氏骗局的诱人目标。这些投资包括一些对冲基金、私募股权基金和房地产基金（见图5.2）。

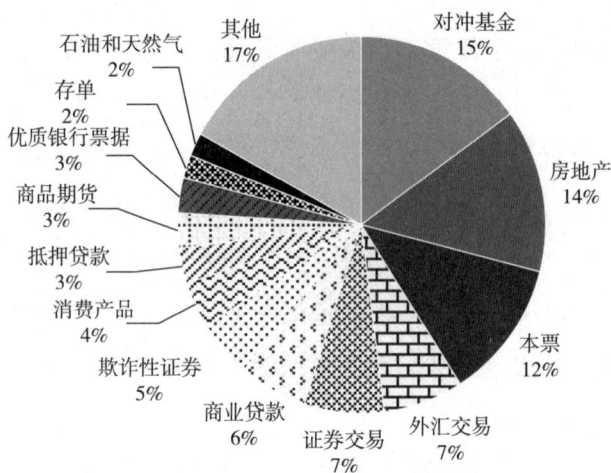

图5.2　庞氏骗局所涉投资类型

[资料来源：克里斯托夫·T.马尔凯（Christopher T.Marquet），《马尔凯公司关于庞氏骗局的报告》（*The Marquet Report on Ponzi Schemes*），2011年。© Marquet International，Ltd.]

如果你无法对这些基金进行大量的尽职调查，问问自己是否真的需要这种类型的投资。然而更常见的情况是，客户会跟我达成一项"交易"，告诉我他们可以放心地放弃托管权，因为他们和投资管理人在同一个教堂做礼拜、是同一族裔，或其他类似的情况。然而，大多数庞氏骗局（见图5.3）都是"亲缘骗局"，也就是说，像麦道夫一样，发起人在坑骗自己身边的人。

麦道夫的投资者所犯的最大错误并不是像媒体所说的那样没有进行背景调查，而是把所有的钱都交给他托管。在把自己的心血托付给顾问之前，你和你的家人应该问的第一个问题是："谁来保管我的资产？"如果答案是顾问，那就去别处看看；如果你得到了正确的答案，就继续讨论其他关于冲突和能力的基本问题。如果你不想让别人轻易偷走你的钱，就不要给他们。就是这么简单。另外，不要把钱交给转身就会把你的钱交给对冲基金或其他基金来保管的顾问。麦道夫的许多受害者并没有直接雇用他，而是付钱给顾问，然后顾问将他们的资金交给麦道夫托管。

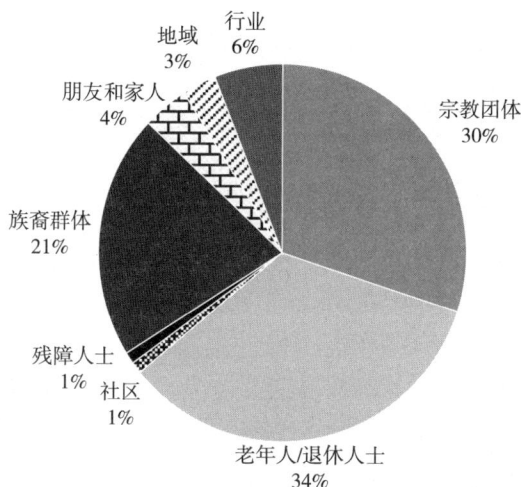

图5.3 庞氏骗局欺诈的目标群体

[资料来源：克里斯托夫·T. 马尔凯（Christopher T. Marquet），《马尔凯公司关于庞氏骗局的报告》（*The Marquet Report on Ponzi Schemes*），2011年。© Marquet International，Ltd.]

顾问选择问题 2 ——冲突

利益冲突：私人利益与受托人的官方责任之间的冲突。

——《韦氏词典》①

坦白地讲，顾问可能会给出很多令人难以置信的投资建议。据我所知，没有哪个行业的人会在向专业人士寻求帮助后变得更糟。接下来这句话可能会激怒这一行业中的许多人，但现实是，金融服务业已经支离破碎了。如果你有一个投资顾问，你可能会觉得没有他反而会更好。原因很简单：绝大多数的顾问没有法律义务始终站在你这边。

错误 5　和糟糕的顾问一起工作

---

① 举个例子，请看金融服务业。

如果他们向你出售某些产品，或者为那些出售自有基金的公司工作，他们会获得更多报酬。如果你的顾问符合以上任何一种情况，那么是时候寻找一个新的顾问了，而且越快越好。

金融服务领域非常混乱，顾问很容易误导你。在这里，我将把问题分成三个部分，来帮助你确定你的顾问是否通过了这些关键测试。

测试1：是独立顾问还是经纪人？

尽管许多消费者十分信任他们，但并不是所有的金融顾问在提出投资工具建议时都把消费者的最大利益放在心上。他们不按信托标准执业。

——美国国家个人理财规划师协会

投资顾问的定义

美国《1940年投资顾问法案》将注册投资顾问定义为"直接或通过出版物，从事提供关于证券的意见、建议、报告或分析以获得报酬的个人或公司"。顾问提供意见和建议，并收取费用。

投资顾问遵循信托标准。投资顾问对客户负有受托责任，这意味着他们的基本义务之一就是始终为客户的最大利益行事。投资顾问必须披露所有的利益冲突，不得以为其自身或其公司创造更多收入为唯一目的而从事交易。注册投资顾问受美国证券交易委员会或州一级相关机构管理。

经纪人的定义

美国《1934年证券交易法》将"经纪人"定义为"任何从事为他人账户进行证券交易的人"。经纪人必须在美国金融监管局注册。

简言之，经纪人通常通过买卖他们为客户挑选的投资品来获得佣金。因此，经纪人历来被要求遵守所谓的"适宜性标准"，这意味着经纪人没有法律义务始终为客户的最大利益行事，但必须保证所提供的任何建议都是适合客户的。在这个标准下，只要推荐的产品被认为是"合适的"，向你出售对经纪人来说更有利可图的产品或基金是完全可以接受的，即使有业绩更好或成本更低的产品或基金。消费者面临的问题是，经纪人也经常向投资顾问提供类似的服务，但他们没有受到同样的法律谨慎标准的约束。

为了改善这种情况，美国证券交易委员会在2019年引入了"最大利益规则"。该规则规定，在提供某些特定类型的建议时，经纪人必须遵守更高的标准，且必须按照客户的"最大利益"行事。那么，现在所有的经纪人都是受托人了吗？答案绝对是否定的。美国证券交易委员会已澄清：经纪行业和投资咨询行业是不同的。新的监管规则仍允许经纪公司向客户只提供自营产品、对产品名录进行实质性限制或通过薪酬激励经纪人销售某类产品"，只要将这些冲突披露给客户。①

那么有什么区别呢？

总而言之：如果你的顾问是注册投资顾问，该顾问将作为受托人，并遵守最高的法律谨慎标准。如果你的顾问是经纪人，他们则不必像受托人那样遵守以上标准。所以，何必花钱请一个不必遵守最高法律标准的人来提供建议呢？要确定这个金融顾问是投资顾问还是经纪人，你需要进行询问和调查。这并不容易，因为很多顾问会试图误导你。经纪人经常会使用一些头衔，使他们看起来好像站在你这边。他们使用"金融顾问""金融规划师""财富顾问""财富管理人"等头衔。经纪人不但没有信托责任，而且还在积极游说国会保持这种状态。②

---

① 立法者制定冗长而复杂的法律文件，他们可能并不指望有人会读。

② 想象一下：首先，你付费给一个金融顾问，他与公司分享这些费用。然后，该公司拿出其中一部分游说国会，允许他们为你提供建议，而不必以你的最大利益行事。这总结了金融服务业的大多数情况，而且完全是荒谬的。

独立投资顾问对你负有受托责任，并受最高法律谨慎标准的约束；而经纪人则不然。美国有超过65万名"金融顾问"。他们大多数是经纪人。这意味着大多数情况下金融服务业并没有按照最高的法律谨慎标准管理你的资金。那么，可以通过以下几个问题来排除经纪人：

1. 你是经纪人还是投资顾问？

正确答案：仅是投资顾问。

2. 你是否在美国证券交易委员会或美国金融监管局注册过？

正确答案：仅在美国证券交易委员会注册过，没有两者都注册，也没有在美国金融监管局注册。

3. 你持有6系列、7系列或65系列执照吗？

正确答案：仅持有65系列执照。没有同时持有两个系列执照，也没有持有6系列或7系列执照。

请注意，上述所有问题实际上都是同一个问题。投资顾问从未被要求在美国金融监管局注册。经纪人有7系列执照。这些问题已经足够为我们排除掉约85%的财务顾问。接下来，让我们进一步缩小范围。①

测试2：是独立顾问还是双重注册顾问？

双重注册的顾问就像是披着羊皮的狼。

目前为止，我们将金融咨询领域分为两大类：独立投资顾问和经纪人。然而，我们还需要更进一步明确，以确保为你服务的人必须始终遵守最高法律标准，而不是仅仅在某些时候遵守。一些独立投资顾问是双重注册的——他们既是独立顾问又是经纪人。

双重注册顾问是危险的，因为他们可以坦然地告诉你，他们是一个

---

① 请注意，我不是说所有的经纪人都是坏的。事实也绝非如此。世界上存在有道德的和不道德的投资顾问，同样也存在有道德的和不道德的经纪人。我只是说，你至少应该要求雇用来帮助你的人在任何时候都要遵守最高的法律谨慎标准，而经纪人不符合这一要求。

遵守信托标准的投资顾问。然而这里存在很大的问题——同一个人可以从一名负有受托责任的、以你的最大利益行事的投资顾问转变为一名经纪人。是的，你没看错。通过双重注册，顾问可以有时在信托标准下操作，有时作为一名经纪人避免适用信托标准。祝你好运，希望你能分辨出哪个是哪个。双重注册的顾问就是一个披着羊皮的狼。

有两种方法可以看出"独立投资顾问"是否同时也以经纪人的身份执业。第一，询问。第二，看看他们的名片或网站。如果上面写着"由某券商提供担保"，那么你所面对的同时也是一个经纪人。如果你与一位双重注册的顾问合作，那么最终你的投资组合拥有可收取佣金的投资品或自营基金（该公司拥有的基金），请不要感到惊讶。

测试3：是自营基金还是无自营基金？

你的投资顾问不太可能恰好为这样一家公司工作：无论怎样进行投资配置，这家公司的投资对你来说都绝对是最好的。

通常经纪人或双重注册的顾问所在的公司的母公司或姊妹公司会提供自营基金。也就是说，该公司自身经营基金并且通常会将自营基金出售给客户。例如，一家投资公司拥有两家子公司：一个注册投资顾问公司（RIA）和一个经营共同基金、对冲基金等的经纪公司。公司的财务顾问被双重注册，他们将自己标榜为"独立顾问"。客户会签署一份他们永远也不会读或根本不理解的协议。然后，"独立顾问"将姊妹公司的共同基金、单独管理账户[①]和对冲基金纳入客户的投资组合。这些基金通常以不同的名称运作，这使得客户更难知道他们出售的是自营基金。在我看来，这对客户而言是最糟糕的情况，因为客户费尽心思寻找一个独立的顾问，结果遇到的却是一个伪装的销售人

---

① 译者注：单独管理账户是指专业机构为投资者设立的独立资产管理专户，根据客户个人情况制定财富服务方案，并根据人生阶段动态调整。所提供的服务包括投资方案设计、投资组合构建、证券交易等。

员。请牢记这一点，如果你雇用了一个经纪人，你其实是在雇用一个销售人员，而不是一个顾问。如果你打算付钱请顾问给你建议，你至少应该要求他们没有产品可以卖给你，而且他们必须遵守最高的法律谨慎标准。

你不会去本田的经销商那里付钱让人告诉你买什么牌子的车，因为他们无论如何都会推荐本田车。同样，你也不应该与其公司或附属公司有自营基金的顾问合作。如果你这样做了，那么当这些自营基金最终出现在你的投资组合中时，也就不需要为此感到惊讶了。

如果你和一个经纪人或双重注册的顾问合作，请检查你的投资组合，你可能会发现你的资金被投到了关联公司所经营的一些基金里。请你扪心自问：对我来说，这些一定是世界上最好的基金吗？答案可能是否定的。你的投资顾问不太可能恰好为这样一家公司工作：无论怎样进行投资配置，这家公司的投资对你来说绝对是最好的。这种情况有时也会发生，但可能性不大。如果你的投资顾问为一家经营自营基金的公司工作，或与一家经营自营基金的公司有关联，那就最好找另一个吧。

关于利益冲突的最后思考

我经常听人说，虽然他们与有利益冲突的顾问合作，但无须为此感到担忧，因为他们的顾问是值得信任的，或者他们总是审核顾问的提议。这些人请记住，有一天你将离开这个世界。当你离开后，你的配偶或孩子会得到什么样的建议？作为一名遗产规划律师，我遇到过很多这样的例子：一位在世的配偶还没来得及到我的办公室，就被顾问推销了一份年金。你可能很长寿，但没有足够的头脑。当你和家人面临着最具挑战性的困境时，有一个与你没有利益冲突的金融顾问是最理想的。我建议聘请不是经纪人的独立顾问，因为虽然经纪人引发的利益冲突可能不会在今天出现，但总有一天会出现。

顾问选择问题 3——能力

绝不能将无能视为恶意。

——拿破仑·波拿巴

遗憾的是，我们因利益冲突而淘汰了大多数顾问。他们是推销员，有时伪装得很糟糕，有时又伪装得很完美。我们现在讨论的是由美国证券交易委员会管理的成千上万名独立顾问，他们没有同时注册为经纪人。尽管这一群体必须始终充当受托人，但他们仍然需要经过筛选，以确保他们的能力和相关性。

金融咨询领域与医学、法律、工程、教育等其他专业有很大的不同。如果你想当医生，就得去医学院读书；律师需要去法学院读书；工程师需要获得工程学学位；教师需要获得教育学学位。然而，绝大多数的金融顾问（我猜超过95%的人）都没有接受过金融规划或投资管理方面的大学教育，因为直到近期还没有相应的大学水平的课程。他们在工作中学习。既然如此，你如何识别一个顾问的能力和相关性？

能力检查 1：顾问的资格证书符合你的要求吗？

在美国金融监管局的网站上，有超过200个金融服务业的职业资格认证。其中大多数是毫无价值的。如果你正在寻求金融规划方面的帮助，请确保你的顾问或其团队中有人是注册金融理财师。如果你正在寻求高级的税务建议，请向注册会计师咨询；如果需要遗产规划，请咨询遗产规划律师。这些称号和头衔需要大学学位、高阶的学习、正式考试和继续教育。你设置的顾问选择标准至少要在这个水平上。

能力检查 2：顾问适合你吗？

顾问可以是一个独立顾问，没有任何自营基金，拥有注册金融理财师资格。但这一切对你没有意义，你选择的顾问是要和你一起工作的。如果你要做心脏手术，你会找一个拥有心脏手术不败纪录的医生；如果你误被指控犯罪[①]，你会找一位曾成功地处理过类似案件的刑事辩护律师；同样地，在选择金融顾问时，要选择一个与你情况相同的人成功合作过的顾问。如果你的人生处于起步阶段，找一个主要服务于人生起步阶段客户的顾问。如果你拥有较高的资产，选择一个主要为高资产客户工作的顾问。你不希望你的顾问以损害你的财务状况为代价来获得经验。当问题出现时，你希望你的顾问"经历过，处理过"。

能力检查 3：顾问是否遵循本书的原则?

仍有成千上万的独立顾问不出售自营基金、没有利益冲突且富有与你相同情况的经验。[②]最后一项检查是要确保他们销售的产品对你有益，并符合你的个人理念。

金融服务业一片混乱。大多数顾问都没有遵循最高的法律谨慎标准。不论客户是否清楚，大多数顾问的业务是销售。即使是那些真正独立的顾问也可能会推销某种策略，因为他们知道人们想买。对于一个金融顾问来说，签约客户很容易，只要告诉潜在客户：这里有可以在市场上涨时参与其中、在市场下跌前退出的办法。只要有人想买，就会有人卖。有能力且有道德的顾问不会推销这种方法，因为他们知道，这根本不可能实现。有能力但缺乏道德的顾问明知无法实现，却还是会推销它。

根据最近的一项研究，尤其是在市场大幅波动时期，遵循本书所列原则的顾问每年可以带来平均3%的增值，有些年份的增值可以忽略不计，而有些年份的增值远超10%。你应该寻找一位遵循本书所列原则的顾问，而不是一位犯了本书所指出的错误的顾问。

---

① 或者没有错。在这里你可以疑罪从无！

② 可悲的是，这样的人越来越少。

关于顾问的最后思考——职业操守

支持某些东西，坚信某些东西，把你的事业建立在价值的基础上，这是好事。

——杰瑞·格林菲尔德[1]（Jerry Greenfield）

许多顾问提供像本书中提到的类似策略，但同时也提供市场时机选择策略、战术性策略、主动交易、对冲基金等。要选择一个有原则和正确价值导向的顾问。他们有自己的信念并为客户去实践其信念，而不是选择一个拥有各种"产品和组合"并试图在每个领域竞争的公司。假设一家公司提供了类似本书中概述的方法，但同时也提供了战术性策略、下行保护策略或市场时机选择策略。在这种情况下，他们是在告诉你，他们会不惜一切代价来捞钱，因为他们销售的策略相互矛盾。对他们来说，策略是否有效并不重要，不管客户想要什么策略，重要的是使你成为客户。你不会选择一个告诉你"疗法A能治病、疗法B会伤害你，但仍坚持用疗法B治病"的医生。

如果一个潜在客户来找我，希望我提供主动性期权交易、股票对冲基金、市场时机选择等服务，我会告诉他："我不是你要找的顾问。"一旦你确定了适合自己的方法，找一个把这种方法视为纪律和准则的顾问。要求你的顾问持有坚定的信念。

避免错误5——选择错误的顾问

确定自己的双脚站在正确的位置，然后站稳。

——亚伯拉罕·林肯（Abraham Lincoln）

---

[1] 译者注：杰瑞·格林菲尔德，Ben&Jerry's公司创始人。Ben&Jerry's是美国冰淇淋品牌，由Ben Cohen和Jerry Greenfield创立。

在我的职业生涯中，我目睹了许多投资失误造成的不幸后果。当我看到一个客户把他们的投资组合搞砸时，我总是感到很遗憾。如果损失是金融顾问造成的，那是可悲的。我总是最同情一些人，他们知道自己需要帮助，并雇用顾问寻求帮助，顾问卖给他们可以收取佣金的产品和自营的基金，他们最终因愚蠢的市场时机选择策略错过收益，或因主动性策略毁掉整个投资组合。

你可以向顾问提出以下问题：

1. 我的钱会放在哪里？

正确答案：其他地方（不在我这里）！

2. 你是经纪人吗？

正确答案：不！

3. 你是双重注册的顾问吗？

正确答案：不！

4. 您或任何关联公司是否出售任何类型的自营投资？

正确答案：不！

5. 你如何获得报酬？

正确答案：以书面形式全面披露，并且不从任何投资产品上收取佣金。

6. 你和你的团队有什么资质？

正确答案：如果涉及规划，团队中正好有人是注册金融理财师。

7. 你的规划和投资管理方法是什么？

正确答案：公司应该遵循一个系统的、有逻辑的投资理念，而不是一堆不同的、分散的策略，应该遵循一个不涉及市场时机选择或主动交易的方法。

如果你需要找一个顾问，请谨慎做决定。了解托管和能力的重要性，但最重要的是，确保你的顾问与你没有利益冲突，并遵循对你有益的投资理念。把你的要求写下来并坚持执行。不要在与潜在顾问的会面中动摇。一旦你找到正确的位置，就要站稳脚跟。如果你找到了合适的金融顾问，他可以让你心神宁静，为你的家人提供持续性建议，与你通力合作做出更好的理财决策，并可以帮助你的投资组合更好地表现，从而显著提高你实现理财目标的概率。

错误5　和糟糕的顾问一起工作

6 不是错误

知识就是知道番茄是种水果。智慧就是不要把它放在水果沙拉里。

——迈尔斯·金顿（Miles Kington）

说到投资，大部分策略只是简简单单地不将其搞砸，到目前为止，我们已经对此进行了详细讨论。当然，我们的目标不仅是避开阻碍成功的绊脚石，且是最大限度地提高成功的概率。

在讨论过要避免的关键错误后，我们可以继续讨论如何优化你的结果。

规则1：有明确清晰的计划

如果你不知道要去哪里，那么永远也无法抵达终点。

——约吉·贝拉（Yogi Berra）

你不会在不知道终点的情况下就开始比赛；你不会在不知道目的地和潜在危险的情况下徒步旅行；你不会在不知道要去哪里的情况下就启动汽车。①尽管如此，大多数投资者在投资时都没有事先设定好目标。没有目的地，就很容易偏离航向；没有计划，就很容易在中途改变策略，增加搞砸一切的可能。

在开始投资第一块钱之前，你必须有一个计划。这个计划不需要

---

① 我的妻子对此持异议。

是一张150页的路线图，来规划你余生的每一分钟如何投资。计划可以非常简单：

步骤一：从确定起跑线开始，也就是你当前的状况。做一张净资产表，列出你所有的资产和负债。

步骤二：明确你的目标。目标必须非常具体和现实。拿个行不通的目标来说："我想在退休时拥有一大笔钱。"醒醒吧，朋友！我们需要有一个明确清晰的目标。像这样的目标才是可行的："假设社会保障不能覆盖到我，我想在62岁退休时每年经通胀率调整的税后收入为10万美元。"这才是我们可以为之努力的目标！

步骤三：通过模型预测并规划实现路径。有些在线工具可以帮助你完成，或者你也可以寻求顾问的帮助，确保剔除那些不能用于养老的资产。例如，预测模型应该从你当前可用于退休的资产开始计算，如果你的净资产报表显示你有80万美元，但你打算在子女的婚礼和教育上花费15万美元，那么可用于退休的有65万美元（80万美元减去子女所需的15万美元）。然后，算上定期存下来的钱，无论是工作时为退休计划预存的（如个人退休金账户中的钱），还是为退休储蓄的应税账户中的钱。如果将社会保障、养老金或租金收入等其他收入、潜在遗产以及其他变量都算上的话，预测模型会变得更加复杂。通过预测模型，我们可以确定你将如何实现目标。

步骤四：决定是否需要调整目标。例如，如果预测模型显示要实现目标，你的投资回报率要达到每年20%，那么就需要改变目标，因为这可能很难实现。你可以通过降低退休后的收益需求、增加储蓄、延迟退休，或者综合使用这些方法来做出调整。

步骤五：继续构建投资组合。请注意，你的计划需要定期重新检查（稍后会详细介绍）。

你可能对不同的投资组合有不同的计划。例如，你可能为教育单独预留了投资，这会有单独的起始资金（你所预留的金额）和不同的目标（你想提供的教育资金）。你可能还有另一个目标：第二套房子、一笔婚礼资金或为子孙预留的信托资金。构建每个投资组合之前都要有目标明确的具体计划。

最后，对于那些拥有超额财富的人来说，这意味着拥有的金钱超过了实现所有目标所需金钱的总和，将超额财富投资组合的目标简单地设定为"击败标普500指数"或任何你喜欢的目标[1]都可以。关键是要确保你有一个稳健的投资组合，让你始终行驶在财务安全的轨道上。在此之后，你的超额财富可以通过各种方式进行投资。

在每种情况下，无论投资计划是用于退休、教育、管理超额财富，还是任何投资组合，首先要确定一个具体的目标。其他一切都源于这个目标。

规则 2：避免降低收益的资产

这里有五类主要的资产：现金、大宗商品（如黄金和能源）、股票、债券和房地产。我将从投资者永远不该配置的两类资产开始谈起，然后讲述如何构建一个针对你目标的配置。

现金——安全的假象

我要告诉你的是，现金是最糟糕的投资。每个人都在谈论现金为王之类的事情。但随着时间的推移，现金的价值将会降低，而好的企业会变得更有价值。

——沃伦·巴菲特（Warren E. Buffett）

当我们想到高风险资产时，我们首先会想到大宗商品、房地产、股票，甚至某些债券。现金可能是我们最后想到的。然而，现金也有许多固有的风险。

---

[1] 请注意，我们将在下文介绍该怎样做，这不包括市场时机选择、主动交易或巫术。（无意冒犯那些练习巫术的人，它可能比市场择机或主动交易股票更有效。）

首先且最重要的，现金是历史上表现最差的资产类别。长期以来，现金的表现一直落后于其他所有主要资产类别。你持有大量现金的时间越长，你的投资组合表现不佳的可能性就越大。

其次，长期持有现金必然会让你跟不上通货膨胀的步伐。现金注定会降低购买力。从本质上讲，随着物价上涨，你的现金不仅不会升值，反而会每年贬值。想象一下，你将10万美元存入银行，十年来每年获得1%左右收益。当你捧起现金时，你可能感觉良好。然而，你赚的那1%左右的收益还赶不上邮票、西装、糖果、医疗保障或教育上涨的花费。你以为你赚了钱，但你失去了购买力。

许多"投资者"持有现金的原因之一是为了选择市场时机。即使从来没有实证研究记载证明反复从市场提取现金再投入市场是有效的，但他们依然这样做。毕竟，你需要准确把握何时退出、何时进入，如此周而复始。可是只要有一次你失败了，"游戏"可能就结束了，你的收益会被永久影响。

最后，许多投资者持有现金以备金融末日到来，即股市跌至零或接近零，且永远不会复苏。事实上，如果我们生活在一个连沃尔玛、耐克、麦当劳、埃克森美孚和其他在世界上占主导地位的公司都会倒闭，且永远无法复苏的世界里，这很可能伴随着美国政府的国债违约。如果美国的大公司都倒闭了，美国政府如何偿还债务呢？谁还会工作和纳税来偿还债务？在这种情况下，联邦存款保险公司的担保基本上毫无意义，因此现金一文不值。如果你不相信美国最大的公司能够生存下去，那么自然的结论就是美国经济体系本身也无法存续。在这种情况下，现金可能是最不值得拥有的资产。

尽管如此，美国人目前坐拥近5万亿美元的现金，超过了2008年国际金融危机期间创下的最高纪录。典型的悲剧就是2020年5月13日那一周的提现高峰，大量投资者错失了随后而来的市场45%的反弹。

现金能给人以安慰，因为它不会"长腿逃跑"，即说白了它不会"变少"。但事情远不止于此。虽然现金带来了安慰，但它跟不上通货膨胀，不断降低购买力，拖低长期投资回报，并且在实际经济崩溃的情况下毫无价值。手头留些短期储备是个好主意。囤积现金作为一项长期投资就没有必要了。别把现金考虑在你的投资组合当中。

黄金是财富增值的错觉

大多数黄金购买者的动机是相信恐慌的人群将会增加。在过去十年中，这种观点被证明是正确的。除此之外，价格上涨本身就产生了额外的购买热情，吸引了那些认为价格上涨验证投资理论的买家。当"随波逐流"的投资者加入任何派别，他们会暂时创造自己的真理。

——沃伦·巴菲特（Warren E. Buffett）[1]

不知你是否注意到现在正掀起一股淘金热，投资者将越来越多的贵金属加入他们的投资组合。

许多投资者正涌向黄金，因为他们担心美元正在贬值，可能会变得一文不值。一些人担心全球经济将崩溃，而黄金将成为唯一的真正货币。另一些人则认为，如果出现高通胀，黄金是最安全的避险工具。

与公司、房地产和其他大宗商品（如能源）不同，黄金本身几乎没有价值。公司和房地产可以创造收入、能源公司有产生收入的潜力、石油本身就是全球经济最重要的资源之一。黄金不产生收入，也不是一种重要资源。从历史上看，黄金的表现比股票、房地产、能源和债券都要差，几乎跟不上通货膨胀的速度（见图6.1）。

历史上，每当黄金表现远超预期时，最终都以崩盘告终。尽管事实证明，黄金的长期表现远不及股票甚至债券，但它仍是波动性最

---

[1] 同样来自巴菲特，更有意思："黄金是从非洲或其他地方的地下挖出来的。然后我们把它熔化，再挖一个坑，把它埋起来，雇用人站在周围看守它。它没有效用。任何在火星上观看的人都会挠头。"

大的资产类别之一。黄金是只属于恐惧散布者和投机者的投资组合。如果你的投资组合中有黄金，那就不要期望获得收益，而且你还需要缴纳更高的税款，承受比股市更大的波动，并获得低于债券的长期回报。因此，这种资产还是算了吧。

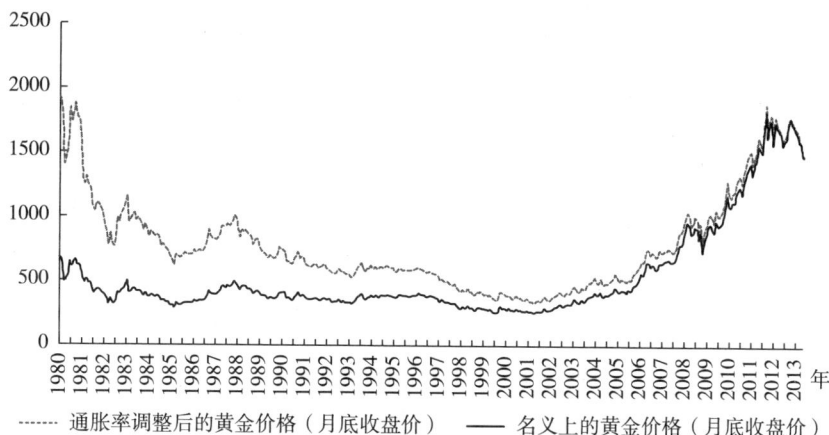

图6.1　通胀率调整后的黄金价格（月底收盘价）——2013年4月
1980—2013年

（资料来源：黄金VS.通货膨胀，2013年。© AboutInflation.com）

规则3：把股票和债券作为你构建智慧投资组合的核心模块

债券

多项研究充分证明，资产配置是投资业绩的主要驱动因素，投资组合回报的88%受其影响。例如，你持有少量大盘股、一只大盘共同基金或一个大盘指数，多数情况下你将获得近乎相同的回报。投资组合回报其余12%受到其他因素的影响，如证券选择和市场择机，这两个因素通常会损害业绩。

正确的投资组合结构是艺术，也是科学，当然永远不会完美，但对你实现特定计划有很大帮助。资产类别的"好"与"坏"在很大程度上取决于你的目标，而不是各种市场，目标才是决定投资组合中资产风险敞口的因素。对于大多数投资者而言，拥有多种资产以实现各种目标是最有意义的。

在85%的时间里，债券提供正回报。有了债券，你就可以将钱借给一家公司或其他实体。国债是给联邦政府的贷款；市政债券是给市或州政府的贷款；公司债券是给麦当劳或耐克等公司的贷款；高收益债券，也称垃圾债券，是企业为了吸引投资者借钱而支付更高利息的贷款。

债权人的境遇比股东更容易预测。只要公司还在，债权人就会连本带利得到回报。股东则永远不能确保这一点，因为股票会任意波动。正是这个原因，即使长期来看，债券的表现预期会低于股票。而你持有债券后肯定会期望它有好的表现。那么，如果债券预期表现略逊，那为什么要购买它们呢？有这样几个原因。首先，虽然股票很可能在10年期以上表现良好，但也有很多长期的悲剧可以作为先例（参见"9·11"事件，科技泡沫或2008年、2009年的金融危机）。短期回报需求必须在3~7年得到满足，因此投资者不能任由股市频繁波动摆布。无论是否发生闪电崩盘、有人开飞机撞击大楼、全球性疫情或其他事件，债券和其他收入都可以满足你的短期需要。

债券基本上就是保险。我们放弃预期回报以确保满足短期和长期需要。例如，假设你明年退休，只要你每年有6%的收益，就能在退休后每年获得12万美元。虽然在整个退休期间，股票的表现可能会超过债券，但我们知道两件重要的事情：一是在你退休的前几年，股票的表现可能会低于债券；二是你不需要100%投资股票，也能获得6%的回报。正因为如此，你应该考虑持有足够的债券来支付大约5年的退休花销，以避免在熊市期间抛售股票，因为熊市可能出现在你黄金岁月的起始阶段。

最后，虽然本书的大部分内容都聚焦在指数化股票投资组合的问题上，但债券市场完全是另一回事。关于主动型管理是否能为债券投资增加价值存在诸多争论，因此债券共同基金、机构基金、指数基金或单只债券都有可能成为适合你的债券配置。

股票

人们不断预测股票。实际上，它们是最不可预测的，同时也是最可预测的一类资产。没有人，绝对没有人可以预测股价的短期走势。提醒一下，任何告诉你可以预测股价的人不是白痴就是骗子。尽管这个说法听起来很激烈，但理解它至关重要，因为它会影响股票这类关键资产的配置。由于股价在短期内不可预测，投资者不应为了满足短期需要而持有股票。然而，从长期来看，投资股票的业绩预计会远远优于债券。因为股票比债券风险更高，所以股票隐含有"风险溢价"。如果债券的预期表现和股票一样，那么没有人会承受持有股票带来的波动。从短期来看，股票价格是完全无法预测的。但长期来看，作为一个整体，股票总是在大幅上涨。

虽然这个必然的结果已经持续了一个多世纪，但不断地回调、崩盘和日常波动仍吓跑了胆小者，导致他们在最糟糕的时候退出。有耐心经受这一切的部分原因在于，仅将投资组合中为5年以上收入需求而配置的部分投资于股市——这种跟随各种因素波动的资产。如果你在接下来的几年中不受市场的摆布，并且知道从长期来看市场注定会上涨，你就会更容易经受这段过山车般的旅程。

假设投资者在10~20年以后才需要某一部分投资组合。在这种情况下，这部分资金可以投资于市场中极易波动的部分，例如中盘股、小盘股、微型股和新兴市场股票。悠久翔实的历史证明投资者的耐心会带来回报。较高的波动性会给投资者带来较高的回报。

例如，如果投资者在20年后退休，那么他们可以将大部分投资投入新兴市场。有些投资者拥有他们永远花不完的财富，他们可能永远不会碰某些投资。即使这位投资者已经75岁了，也有理由将其大部分投资投入小盘或新兴市场股票。然而，投资者要注意了！如果你受不了"热"，就赶快离开"厨房"。虽然从理论和经验来看，这种策略行之有效，但它不适合胆小的人。这些子类资产通常是不相关的，价格快速变动，也可能长期表现不佳。想要弄清楚这些子类资产是否适合你的最好方法就是观察自己对下跌的反应。如果你在小盘或新兴市场股票遭受重创时卖出债券并大量买入这类股票，且对这样的机会乐此不疲，那么这些股票很适合你。如果你发现自己对下跌通常感到恐慌，你就不会长期持有这类股票，以等待它有好的表现，这就会给你的投资组合带来不必要的损害。

另类投资品

关于另类投资的知识多到可以写一整本书[①]。一般来说，另类投资可以分成两种类型：在公开市场投资的替代方式（如对冲基金）和在公开市场以外的投资。既然我已经表达了我对对冲基金的看法，我将着重于第二种类型：公开市场以外的投资。正如国内公司往往有国际对手一样（如埃克森和英国石油、好时和雀巢等），公开投资也有对手，即私人投资。虽然在公开市场上有股票、债券和房地产，但也有私募股权、私人借贷和私人房地产。让我们快速地浏览一下它们。

私募股权是指持有不在交易所公开交易的公司股票。它可以通过拥有这家公司的企业家或者通过买卖成长型企业股票的数千家私募股权公司获得。这些投资者希望在特定"阶段"买进或退出一家公司股票。风险投资者是处于早期阶段的投资者，他们只是单纯地把钱投在一个没有实际产品或收入的商业思维上。成长型股权和收购型股权投资者是后期投资者，他们希望向成长型公司注资以帮助企业扩大规模，使其持有的股权可以出售给另一家公司或私募股权投资者，或上市交易。成长型股票基金通常仅持有其投资的公司的少数股权，这意味着公司的日常运营控制权仍由创始团队掌握。

然而，股权收购基金通常会收购公司的大部分甚至全部股权，使其对公司运营拥有更大的控制权。收购基金也倾向于利用杠杆——这

---

① 我不想写这本书，你也不想读。

意味着除了从投资者那里筹集的资金，它们还会借入资金——来收购企业。如果交易能产生利润，基金经理会使用这种策略最大化他们的财务资源以提高回报。

正如我们前面讨论过的，尽管少数"独角兽"公司获得了巨大的成功，使这个领域的利润看起来远高于实际，但风险投资注定会走向业绩不佳。然而，成长型股票会在高净值投资者的投资中占有一席之地。数据显示，在过去的20年里，成长型股票公司的表现一直优于公开市场。

这有许多原因，但简言之，成功的成长型股票公司可以通过扩大盈利业务使其投资的公司的价值显著增长，这意味着它们所投资的公司可以在相对较短的时间内将其价值翻番。例如，一个成功的餐馆老板可能在一个城市有几家门店，成长型股票公司可以帮助他重新配置业务或服务模式，以便在全国各地的市场上轻松地复制他的成功理念。在公司的帮助下，餐馆老板可以在全国范围内设立分店或特许经营。这就是，一家曾经的小企业如今已成为一个全国性的大品牌，私募股权投资者从他们的投资收益中获得了回报。

这种情况与许多风险投资相去甚远，后者往往无法生存，甚至无法进入市场。以手机短视频流媒体应用Quibi为例。尽管有众多一线名人和行业巨头参与，并获得了近20亿美元的融资[1]，但该服务还是在仅仅推出六个月后就关闭了。

私人借贷被视作公开债券市场的替代。这里主要指的是中间市场贷款基金。这些基金设立的意图是为中型企业提供资金来源。如果你的公司需要筹集资金，你可以出售公司的一部分股票（通常是给私募股权公司）或者借钱。许多私营企业发现自己对于小微企业贷款申请标准来说规模太大，对于银行大额贷款来说又规模太小，而且没有能力在公开市场上发行债券。中间市场贷款基金正好填补了这一缺口，

6 不是错误

---

[1] 全都打水漂了。

它们通过向此类企业提供贷款资助其运营或扩张。与传统贷款一样，这些贷款可能是有担保的（这意味着它们是由一项财产、设备或其他资产支持的）或者是无担保的。私人借贷在过去的十年里才逐渐成为一类资产，因此没有充足的历史证据来保证这些基金的业绩会优于公募债券。然而，根据贷款的特点，久而久之，这些基金将很可能提供更高的风险调整后收益率。

私人房地产可以被广义地定义为任何除公开交易的房地产投资信托基金外的房地产投资。例如农田租赁、公寓、办公楼，甚至是街道上的租赁地产。推动房地产成为一类资产的原因，主要在于房地产在某种程度上比股票的风险要小。包括持有房地产在内，每一种投资都有风险，而这种风险与持有股票完全不同。房地产投资的吸引力在于运用杠杆。多数人都是通过融资购买房产，所以少量的钱就可以购买相对大量的房地产。运用杠杆也放大了收益和损失。如果你付了20%的首付，即房产价值上涨了20%，你就获得了100%的利润；相反，如果房产价值下降了20%且你被迫出售了房产，你就失去了全部投资。房地产开发商因"资不抵债"，即他们的债务超过了房产的价值而破产的情况并不少见。

私人房地产基金的存在是为了将投资者的资金配置到房地产项目中。这些资金可以集中起来建造购物中心、医院或办公楼。基金经理通常会谋划建造房产，将其出租给业主一定年限，然后将房产开发权出售给其他人。这类基金会受到高净值投资者的追捧，他们想要在投资组合中增加某一特定类型房地产敞口。基金也会将资金配置到经济落后地区（即所谓的"机会地区"）的项目中，这使投资者有资格享受特定税收减免。

历史表明，这里讨论的几类私人投资与其对应的公开市场投资相比表现更好。如果你有机会、时间和资源来获得最好的产品，投资这些资产能够提高你的投资业绩。然而，这些投资产品同时也带来了一定的复杂性和困难性。例如，你如果要投资这些基金，就必须要满足成为合格投资者的最低净值或收入条件。即使你符合条件，还要投资至少5年才能收回你的资金。这类投资同时还增加了纳税申报的成本和复杂度。最重要的是，私募基金与低成本的指数基金不同，经理的经验、敏锐度和决策是成功的关键因素——尽管历史证明随着时间的推移，低成本指数基金的市场表现很可能超过主动型基金经理。对于所有对另类投资感兴趣的人来说至关重要的是，拥有一只经验丰富的团队并让其审视这些投资机会、挑选表现最好的基金。

即使投资者满足了所有的条件，投资另类资产也不适合每一个人。对多数投资者尤其是不想花太多精力的投资者来说，简单地配置股票和债券要比在投资中要小聪明好得多。你的目的是增加实现目标的概率。你所积累的财富最终只是达到目标的一种手段。你持有资产是有目的的，大类和子类资产应该尽可能地与你的目标紧密相连。

将所有投资都放在一起

个人投资者应该始终成为投资者而不是投机者。

——本杰明·格雷厄姆（Benjamin Graham）

了解各种投资组合的必要收益率（最低必要报酬率），可以让我们规划出一个基本的资产配置。

就回报来看"全部投入"股市似乎是合理的（见表6.1）。

表6.1　资产配置与回报率对比

资产配置	1926—2012年名义平均年回报率
100%现金投资	3.60%
100%债券	5.54%
80%债券，20%股票	6.74%
70%债券，30%股票	7.28%
60%债券，40%股票	7.79%
50%债券，50%股票	8.25%
40%债券，60%股票	8.68%

资产配置	1926—2012年名义平均年回报率
30%债券，70%股票	9.07%
20%债券，80%股票	9.41%
100%股票	9.97%

资料来源：《先锋领航的成功投资原则》（"Vanguard's Principles for Investing Success"），先锋领航集团，2013年。

当然，没有那么容易。股票的比例越高，投资组合的波动性就越大。例如，100%股票的投资组合年回报率为-43.1%~54.2%。60%股票和40%债券的投资组合回报率为-26.6%~36.7%，相比之下业绩波动幅度要小得多（见图6.3）。

资产组合决定了收益的范围

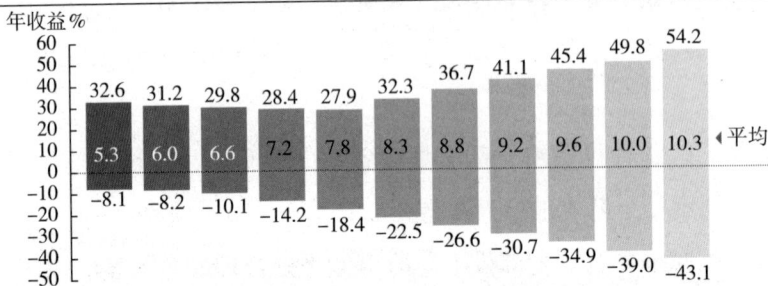

图6.3 1926—2019年各种股票/债券配置的最佳、最差和平均回报率

注：股票以1926年至1957年3月3日的标普90指数、1957年3月4日至1974年的标普500指数、1975年至2005年4月22日的威尔希尔5000指数，以及此后的摩根士丹利资本国际公司美国广义市场指数为代表。债券的代表是1926年至1968年的标普高信用等级公司指数、1969年至1972年的花旗高信用等级指数、1973年至1975年的彭博巴克莱美国长期信用AA指数，以及此后的彭博巴克莱美国综合债券指数。数据截至2019年31日。

[资料来源：《先锋领航的成功投资原则》，先锋领航集团，2020年；数据来自晨星公司]

规则4：采取全球化策略

投资者往往有"本土偏好"，这意味着他们将大部分资金投资于在本国运营的公司。例如，澳大利亚人的投资组合中有相当大一部分是本国股票，欧洲和亚洲的投资者也是如此。美国投资者与其他国家投资者相比更能体现"本土偏好"，因为全球市场绝大部分股票在美国发行。

尽管如此，出于以下几个原因，美国投资者还是应该将国际资产纳入其投资组合。首先，我们处于全球经济一体化，全球各地的公司都在赚钱。其次，国际资本通常与美国资本表现不同：美国市场和国际市场在不同时期"风水轮流转"。这种回报上的差异可以降低投资组合的波动性。最后，许多国际经济体，特别是新兴市场经济体的预期增长率远远高于美国。

你不需要成为国际交易专家就可以建立国际化投资组合。通过购买指数基金，投资者可以立即增加全球敞口。例如，你的配置目标是60%股票，你可以通过购买国际交易型开放式指数基金将其中的三分之一配置全球股票。你的债券也可以这样配置。

规则5：主要配置指数类资产

如果数据不能证明指数赢了，说明数据就错了。

——约翰·博格尔（John Bogle）

正如我们在第二章中提到的，主动交易任何类别的证券都会导致较低的回报。即使不是全部类别，也应将你的多数投资配置于指数资产。

规则6：不要破坏你的现有投资

知道你拥有什么并且知道你为什么拥有。

——彼得·林奇（Peter Lynch）

一旦确定了对自己而言正确的配置，就尽快向其努力。任何递延税项账户内的投资，如美国401（k）退休计划账户、403（b）退休计划账户①、个人退休账户（IRAs）等，都可以立即卖出并重新配置。你加入投资组合的新资金也可以投入新的投资。

然而，你要抵制卖掉应税账户中全部资产的诱惑。虽然标普500指数的表现可能会好于你目前持有的大公司股票，但考虑税负因素后，它的表现就不然了。例如，如果你的目标是将30%的投资配置到美国大型公司股票，那么你这部分投资应该是标普500或类似的指数。假设你已经拥有微软、沃尔玛和埃克森美孚等美国大型公司股票，并且它们已经获得了巨大收益。如果出售这些股票，资本利得将面临纳税。同时它们在你的投资组合中占比不高，正确的选择是持有并灵活应对。例如，如果这些股票价值5万美元，其中3万美元是收益，那么如果你出售这些股票，就会因纳税损失超过四分之一的收益。相反，你应该持有这些股票，并减少购买相应数量的标普500指数。你的目的是尽可能接近目标投资组合，而不是造成无法逾越的税负损失。标普500指数的确可能表现更好，但不足以弥补税负损失。

年金是另一种行之有效的投资。虽然许多年金费率很高且投资选择有限，但如果解约费用很高还是要继续持有。等到解约费用降至0或低到足以用新投资组合节约的费用来抵消时再去提取。如果你得了重病，放弃带有死亡抚恤金的年金是毫无意义的。简言之，虽然其他投资可能更好，但一旦你购买了年金，在卖出之前就需要考虑多重因素。

有些情况下，我也会建议客户持有大量集中的头寸，这些头寸从单纯的目标投资理念来看是没有意义的。举个例子，一位新客户有350万美元净资产，其中300万美元都在一只股票上。这位丈夫快要去世

① 美国401（k）退休计划账户是一种由私营企业发起设立的退休金储蓄账户，得名于《美国税法典》第401条K款，该账户可享受税收优惠。403（b）退休计划账户是为公立学校、部分免税组织及非营利机构设立的一种退休金账户，它允许从员工工资中扣缴退休金储蓄，同时可以享受某些税收优惠。

了，他想挑选一位顾问在他去世后协助他的妻子进行理财，因此他们聘请了我的公司。我建议这对夫妇以丈夫的名义持有证券，直到他去世。在他去世时，股票将会按照价值递升制度纳税[①]。这时所有的证券出售时都没有资本利得，并可以重新配置到妻子需要的新投资组合当中。投资有时很简单，但如果涉及税收或遗产规划，有时制定合理的投资计划反而会由于计划外的后果而得不偿失。在做出改变之前，要考虑到重新配置投资组合所带来的全部影响。

警惕那些建议你"全部卖出"而不顾税负影响的顾问。这样的建议是不负责任、懒惰并且糟糕的。通常情况下，通过精心策划定制方案，你的投资组合将会产生更好的税后结果。

规则7：确保你能承受你的配置

认识你自己。

——苏格拉底（Socrates）

我有三个孩子，在他们小的时候，经常去游乐园，他们总会观察各种各样的过山车，我知道他们在思考。有些过山车对12岁的孩子来说太无聊了，而有些会让他们感到兴奋。在他们更小的时候，他们会用一种"算了吧"的眼神拒绝我。就连孩子们也会尝试决策体验什么样的过山车。

---

① 译者注：课税"价值递升"制度（step-up in basis）简单来讲就是一种避免双重征税的制度，继承房产或者股份时面临同时缴纳遗产税和资本利得税的困境，这一制度就是针对这种情况而出现的。举个例子其实就明白了：玛丽投资股票1000美元，而当玛丽去世时，这些股票的价值为5000美元。如果玛丽在去世前卖掉了股票，要按增值的4000美元来缴纳资本利得税。但是如果玛丽通过遗嘱的方式转将股权传给自己的儿子乔治，乔治在玛丽去世后将其出售，那么乔治在缴纳增值税时，参照标准是他继承时的市场价值即5000美元，而不是玛丽最初买进时的市场价（1000美元），即如果此时乔治以5000美元再次卖出，相当于增值为零，那么乔治将无须缴纳增值税。即便卖出时有所增值，如卖了6000美元，那么也仅需针对增值的1000美元来缴税，缴税负担大大减少。

以前，他们要我坐什么过山车，我就坐什么。近年来，我常为此感到后悔，尤其是在过山车缓慢地爬上那些高得离谱的上坡和让人呕吐的下坡的时候。我知道我不可能中途从过山车上下来，而如果我坚持到最后，很大概率我还是可以完好无损地从出口出来。

市场也是如此。

债券市场很像乐高乐园里的儿童过山车——几乎任何人都能体验。股市就像六旗游乐园里的快乐时光过山车。房地产市场就像迪士尼乐园的飞越太空山：快速地在黑暗中飞行。大宗商品市场更像是雷管跳楼机：一段不可预测的升降之旅。

这些过山车有着不同程度的速度和波动。有些人觉得刺激，有些人则觉得恶心。但所有的旅程都会收获宁静的结局，那些不知所措的乘客最后都会相安无事。

市场相对稳定的时候是评估你所乘坐"过山车"的最佳时机。在平静的间歇中做出决定要比在旅程再次启动时容易得多。总有一天，它会再次启动。

说起来容易做起来难。人们很健忘。但这种应对机制让我们不断前进。在和我儿子坐过山车之后，我告诉自己再也不坐了。但是下次我陪他去游乐园并同意去玩那个让人反胃的过山车时，完全不记得上次的感觉有多糟糕。现在，我不再忘记了，我们一定要带上他的朋友一起。

聪明的投资者会定制他们的过山车，利用不同市场来建立一个能满足他们短期、中期和长期需求的投资组合。投资组合可以千变万化，并具有实现投资者特定目标的必要波动。然而投资组合的结构应该控制在投资者能应付的范围内。

对于许多人来说，最好的投资组合是能够以尽可能小的波动实现预期目标。然而，如果波动超出了你的承受范围，那么调整目标或储蓄计划比在最糟糕的时刻犯错误要好得多。

规则8：对投资组合不断进行平衡

如果你什么都不做，你的投资组合可能会很好。然而，最终你将会承担大于预期的风险，支付多于本应承担的税款，根本原因在于你忽略了一个关键事项：不断平衡你的投资组合。

不断平衡是许多顾问经常讨论的一个概念。但你很难从大多数顾问那里听到这样一句话：不断平衡会有损长期回报！原因是：长期来看，股票的表现优于债券。如果你的投资组合中60%是股票，40%是债券，而且你从来没有再平衡过，那么20年后你的投资组合可能会变成85%是股票，15%是债券。20年后，也许你有理由持有有一个比今天更加激进的投资配置，但这可能性不大。通过不断平衡，你有意地让投资组合精准靶向目标，从而增加你实现目标的可能性，也降低了你大幅偏离目标的可能性。

一些投资者定期进行平衡，比如每季度或每年。我个人认为这是多余的。一方面，这经常会产生不必要的交易和税款。如果不断平衡产生税款或大量的交易成本，除非你的配置完全一团糟，不然你无须考虑这么做。但另一方面，如果市场下跌，就趁这个时候抓住机会进行平衡，在较弱的资产（通常是股票）下跌时，有意地增加对它们的敞口。如果市场继续下跌，重新再平衡！这叫作机会主义再平衡，时间长了会比定期再平衡产生更好的回报率。如果这对你来说太复杂了，那就简单地确认你的目标没有改变，然后每年调整1~4次并顺其自然吧！

规则9：回顾计划

过了河也别拆桥，没准你还要回来呢。

——来源不详

每年一次或者在你生活中发生重大变化的时候回顾你的计划和预测。①在回顾时，你会发现起点可能已经改变。在过去一年，你的

---

① 我总对那些想每月或每季度回顾投资计划的人很感兴趣。这种做法有些过犹不及了，而且恰恰违背了本书的一个核心前提，即要有严谨、远见的观点，只在必要时做出调整。如果你碰上一个根据季度回顾或展望做出调整的顾问，是时候换一个新的顾问了。如果你每周都在网上更新自己的计划，是时候换一个新的爱好了。

投资组合表现可能优于预期或者次于预期。你可能得到了意外的奖金、遗产，或者发生了清偿事件（例如变卖了房产）——起跑线改变了。

也许你现在的目标也不同了。也许你想比最初计划提前退休，或者正打算在退休后做兼职；也许你女儿想上的大学比预计要贵两倍；也许你要生小孩结果生了三胞胎；也许现在你结婚了或恢复单身了，更健康或比预期更虚弱——终点线可能移动了。

所有事情的变化都会导致投资组合的改变。我一直强调的是，投资组合的改变更应基于个人的变化而不是市场的变化。

例如，一个60岁的投资者计划在62岁时每年花10万美元生活。预测模型假设的投资回报率为6%，而她正朝着目标前进。在回顾中，由于强劲的牛市，投资组合的回报率远远好于预期，达到20%。随着退休的临近，这位投资者对投资组合的波动也越发厌倦。幸运的是，她不再需要6%的回报率来实现目标，预测模型显示她只需要5%的回报率。在这种情况下，投资者可能会减少股票投资而增加债券投资。她很清楚这样做会降低长期预期回报率，但由于投资组合波动性变小，获得5%回报率的概率会增加。

终极法则：别把事情搞砸！

美国消费者新闻与商业频道：

主持人：这是买入的机会吗？

嘉宾：我今天不会买入（标普1740点），但我会在标普1725点时大量买入。

美国全国广播公司财经频道的互动恰恰说明了对待投资组合的错误方式。投资者怎么会在标普1740点时配置股票毫无意义，却在标普1725点时意义非凡？一旦你有了投资组合，请严守纪律。遵循本章列出的投资决策方式，或者与认可并遵循这些原则的顾问合作。忽略干扰，不用惊慌，不要在危机中改变计划，专注于你的目标。

投资组合案例

事实证明有些人能够而且的确打败了市场。这不全是偶然。许多学者表示认同，但他们表示击败市场的方法不是运用高超的洞察力，而是承担更大的风险。风险，而且仅仅是风险，决定了回报高于或低于平均水平的程度。

——伯顿·麦基尔

"我想打败市场"投资组合

本书解释了为什么你不能通过市场时机选择策略或主动交易股票来击败市场。如果你想击败市场，并把市场定义为标普500指数，那么随着时间的推移，击败市场的方法是增加投资组合中长期表现可能优于美国大盘股的资产敞口。这类风险较高的资产包括美国小盘股和新兴市场股票。"我想击败市场"投资组合如图6.4所示。

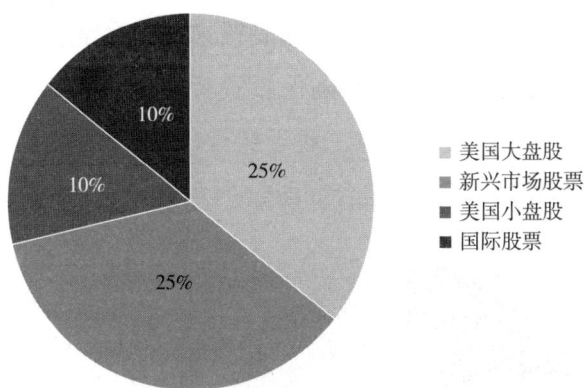

美国大盘股
新兴市场股票
美国小盘股
国际股票

注：英文原图如此，比例加总并非100%。

图6.4　"我想打败市场"投资组合

"我需要7%来实现我的长期退休目标"投资组合

一个包含多种资产类别并运用全球化策略的投资组合，很可能实现普通投资者所要求的回报（见图6.5）。从长期来看，小盘股往往会提高回报，但代价是存在长期表现不佳的风险。美国股市往往会在很长一段时间表现持续优于或次于国际股市。在行情不好时要记住这一点！

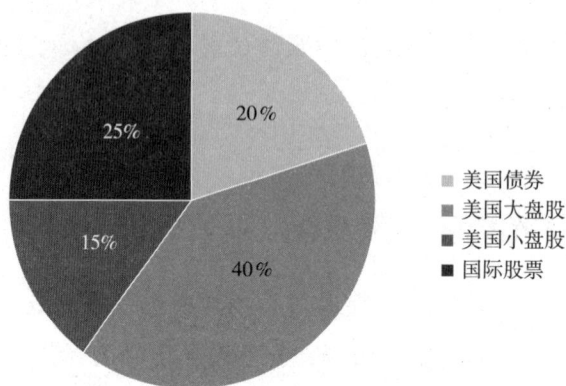

图6.5　"我需要7%来实现我的长期退休目标"投资组合

"以尽可能小的波动为我的余生提供必要保障"投资组合

这个投资组合应该包含充足的股票来确保达到需要的长期回报率，但也要包含充足的债券来确保投资者在熊市不抛售股票的情况下，也能获得月度或年度派息。对于拥有100万美元并且每年需要5万美元收益的投资者，其投资组合如图6.6所示。

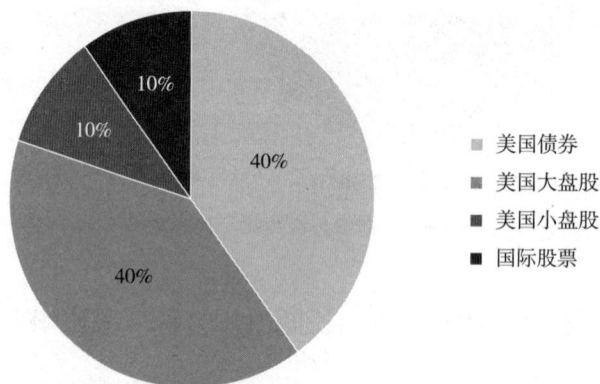

图6.6　"以尽可能小的波动为我的余生提供必要保障"投资组合

"我的财富超出了我的需要，我希望它以最小的波动增长"投资组合

这种投资组合适用于那些拥有充足的财富的人，即使经通货膨胀调整后，股票和债券的收入也足以满足生活需求。尽管读过本书，此人还是畏惧股票，并且想要一个低波动的投资组合，使她在不损失本金的情况下获得约3%的收益（见图6.7）。

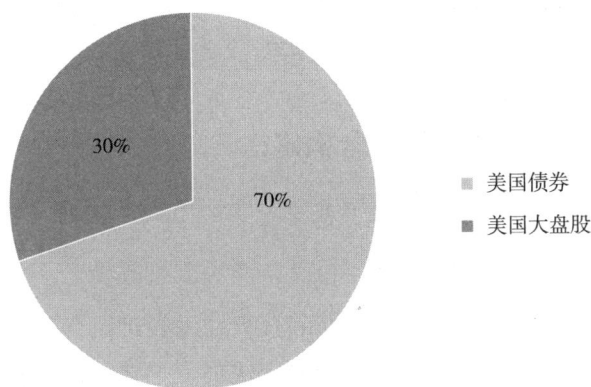

图6.7 "我的财富超出了我的需要，我希望它以最小的波动增长"投资组合

"我的财富超出了我的需要，我无惧波动，并且希望财富与市场共同增长"投资组合

有些人太幸运了，他们拥有的可投资资产永远也花不完。他们当中的部分人不受市场波动的困扰，认同股票的表现可能会超过债券，并希望获取市场收益，但不愿承担超额风险来获得高于市场收益（见图6.8）。

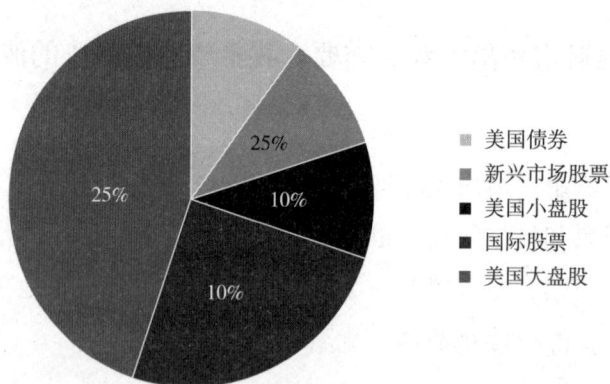

图6.8 "我的财富超出了我的需要，我无惧波动，并且希望财富与市场共同增长"投资组合

成功之路：智能投资组合构建

一些构建投资组合的原则非常简单：

- 避免市场时机选择策略；相反，要做长期投资。
- 避免主动交易；相反，主要配置被动型资产。
- 不要轻信业绩声明，不要被媒体吓到；相反，要忽视干扰。
- 不要堵住自己的路；相反，要知道自己的行为存在偏差，当它出现时要及时发现并设法控制。
- 通过各类资产构建一个适合你自身情况的投资组合。

对于高净值投资者来说，构建投资组合会更加复杂。为了让投资组合不仅能实现目标，而且还能服务于生活，你要在所需的回报和所能承受的波动之间做出衡量。保险起见，你要考虑到税负因素以及不断变化的环境。虽然投资组合本身不应该是高度活跃的，但你必须花费更多精力，而不是简单地选择几个指数并放在那里不管！

你是唯一

当你忙于制订其他计划时，所发生的事情就是生活。

——约翰·列侬

1970年，一位杰出的政治家向我父亲，也就是他的医生，提供了一些免费的建议。"亚历克斯，"他说，"我富可敌国，但我从未享受过这些钱。花时间尽情受你的生活吧。"我父亲认真考虑了这个建议，于是延长了他的假期计划。

在我的职业生涯中，我始终遵守着这条智慧的建议。在领导投资委员会的同时，我还是一名财富管理师和遗产规划律师，我帮助客户制订并实施他们的财务计划。我的公司经常与客户一生相伴，陪伴他们度过卧病在床时期，陪伴他们家人经历死亡。这些成功人士当中，许多人在积累财富方面十分出色，而且自始至终从来不会出现问题。这是两件很难做到的事情。我发现这些人虽然没有委屈自己，但也没有充分享受到他们的财富和地位。这些人之所以能有今天，是因为他们勤俭节约的结果。每年都在个人退休账户中存钱，对于客户来说是很常见的。当他们72岁的时候，政府强制将账户中的钱取出来，他们却问我如何避免这么做。他们把钱存进去这么久，根本接受不了花钱的想法！

让我给你讲讲你的钱会怎样。

无论你的继承人继承25万美元、30万美元、60万美元、80万美元、120万美元、140万美元、1000万美元还是1100万美元，都没有什么区别；用你一生创造和积累的财富享受生活吧。

在和一位客户准备净资产声明时，他对我说："我下辈子想做自己的孩子。"

你去世后的遗产不仅仅是投资账户，也包括你的房子、保险、汽车等。它们很可能会被变卖后放在一起分配。

如果你在经济上是独立的，让我来反驳你从金融顾问那里听到的一切：我会告诉你去买一杯特大杯的高价咖啡，别再开那辆已开了10年的车了①，提升你下个假期的品质。相信我，你的孩子会的！我见过

① 说真的，买辆新车吧！买一款拥有现代科技和安全技术的车！如果你的车已经开了10年了，你甚至都无法保护自己。我们这里说的可是你的性命啊！你不会用已经用了10年的计算机吧？哦我的天哪！如果你还在用的话，也买一台新计算机吧！天啊！

一些孩子在继承遗产后几天内就买了新车和新房。

如果你愿意做慈善，并且经济独立，那么现在就去感受给予的快乐吧。享受它！为什么要等到去世的时候呢？如果你坚持把自己的花销节省下来留给孩子，那么现在就行动吧。不要在去世后留给后人大量支票，而要享受把财富传承给子子孙孙。归根结底：这是你的钱。你拼了命赚钱，存钱，攒钱。只要不危及你的财务安全，享受一下，把你想赠与的都给出去，总的来说，放松一点，享受一下你的劳动成果。

结论 让我们行动起来吧

简单比复杂更难。你必须努力让你的思维变得清晰才能化繁为简。

——史蒂夫·乔布斯

选择市场时机、主动交易、听从错误信息、采取错误行动或聘请错误的顾问，这些都可能对你的财务状况造成永久性的损害。辨别和避免它们的最好方法是警惕这些致命的陷阱。不过，你可以做得更好！

遵循好管理财富的指导方针，你不仅可以少走弯路，还可以优化财富配置。如果你的顾问是最适合你的，那么要求他遵循这些原则，这样你就可以一边享受生活，一边清楚自己在通往成功。

阅读本书是一回事，采取行动又是另一回事。投资顾问和金融媒体正努力将你拽回那些徒有虚名的方法。要抵抗住诱惑，不要成为诱惑的牺牲品，你知道该怎么做。不要理会任何人告诉你方案不够复杂或不够吸引人。那是一派胡言。对于投资来说，越简单越好。

有了行为准则，你和顾问可以在各种市场中遵循这套方案，最重要的是，在市场下跌时坚持这套方案。这样你会在经济和情绪上都有所改善！

记住，仅仅偶尔遵循方案是不够的。如果你早餐吃甜甜圈，午餐吃蛋糕，晚餐吃冰淇淋，什么都不会发生。但如果你每天都这么吃，几年下来你会死的。如果你偶尔一次开车时发短信，可能不会出事。如果你总是这样做，最终会酿成车祸。成功的投资关键在于聚焦可重复的行为，并运用纪律性强、持续性强的方案。利用你所学的，制订一个行动计划，并坚持这个计划。你能做到的。让我们动手吧！[①]

亡羊补牢，犹未为晚——中国谚语。[②]

---

① 我的意思是立刻！让我们动手吧！不要拖延。今天就一起制订一个计划，步入正轨吧！

② 美国人会说一些很有男子气概的话，比如"让我们动手吧！"，而中国人会想出一个更委婉方式来表达同样的意思！

参考文献

AboutInflation.com. 2013. "Gold vs. Inflation." Retrieved from www.aboutin-flation .com/gold-vs-inflation.

Alpert, Marc, and Howard Raiffa. 1982. "A Progress Report on the Training of Probability Assessors." In *Judgment Under Uncertainty: Heuristics and Biases*, edited by Daniel Kahneman, Paul Slovic, and Amos Tversky, 294–305. Cambridge: Cambridge University Press.

Amabile, Teresa M., and Steven J. Kramer. 2011. "The Power of Small Wins." *Harvard Business Review* 89 (5): 70–80.

Arkes, Hal R., Cynthia A. Joyner, Mark V. Pezzo, Jane Gradwohl Nash, Karen Siegel-Jacobs, and Eric Stone. 1994. "The Psychology of Windfall Gains." *Organizational Behavior and Human Decision Processes* 59:331–347.

Armor, David A., and Shelley E. Taylor. 2002. "When Predictions Fail: The Dilemma of Unrealistic Optimism." In *Heuristics and Biases: The Psychology of Intuitive Judgment*, edited by Thomas Gilovich, Dale Griffin, and Daniel Kahneman, 334–348. Cambridge: Cambridge University Press.

Arnold, Tom, John H. Earl, and David S. North. 2007. "Are Cover Stories Effective Contrarian Indicators?" *Financial Analysts Journal* 63 (2): 70–75.

Averill, James R. 1980. "A Constructivist View of Emotion." In *Emotion: Theory, Research and Experience 1*, edited by R. Plutchik and H. Kellerman, 305–339. New York: Academic Press.

"Guide to the Markets, U.S. 4Q 2020, As of September 30, 2020," Samantha M. Azzarello, Jordan K. Jackson, David M. Lebovitz, Jennie Li, John C. Manley, Meera Pandit, Gabriela D. Santos, and David P. Kelly, https://am.jpmorgan.com/blobgim/1383407651970/83456/MI-GTM-4Q20.pdf. Retrieved10/4/2020.

Barber, Brad M., and Terrance Odean. 2001. "Boys Will Be Boys: Gender, Overconfidence, and Common Stock Investment." *The Quarterly Journal of Economics* 116 (1, February): 261–292.

Barrett, Amy L., and Brent R. Brodeski. 2006. "Survivor Bias and Improper Measurements: How the Mutual Fund Industry Inflates Actively Managed Fund Performance." Zero Alpha Group and Savant Capital Management, Inc. Retrieved from www.etf.com/docs/sbiasstudy.pdf?iu=1.

Bauer, Richard J., and Julie R. Dahlquist. 2001. "Market Timing and Roulette Wheels." *Financial Analysts Journal* 57 (1, January–February): 28–40.

Bespoke Investment Group. 2012. "Wall Street Strategists Remain Bearish." Retrieved from www.bespokeinvest.com/thinkbig/2012/3/12/wall-street-strategists-remain-bearish.html.

Britton, Diana. 2011. "Is Tactical Investing Wall Street's Next Clown Act?" WealthManagement.com. Retrieved from http://wealthmanagement.com/investment/tactical-investing-wall-streets-next-clown-act.

Christensen-Szalanski, Jay J., and James B. Bushyhead. 1981. "Physicians' Use of Probabilistic Information in a Real Clinical Setting." *Journal of Experimental Psychology: Human Perception and Performance* 7 (4, August): 928–935.

Cowles, A. 3rd. 1933. "Can Stock Market Forecasters Forecast?" *Econometrics* 1 (2, April): 309–324.

Crary, David. 2008. "Students Lie, Cheat, Steal, But Say They're Good." Associated Press, November 30.

Cross, K. Patricia. 1977. "Not Can, But *Will* College Teaching Be Improved?" *New Directions for Higher Education* 17:1–15.

CXO Advisory Group, LLC. 2013. "'Sell in May' Over the Long Run." Retrieved from www.cxoadvisory.com/3873/calendar-effects/sell-in-may-over-the-long-run/.

Daniel, Kent, David Hirshleifer, and Avanidhar Subrahmanyam. 1998. "Investor Psychology and Security Market Under-and Overreactions." *Journal of Finance* 53 (6): 1839–1885.

Denrell, Jerker, and Christina Fang. 2010. "Predicting the Next Big Thing: Success as a Signal of Poor Judgment." *Management Science* 56 (10): 1653–1667.

Dent, Harry S. Jr. 2006. *The Next Great Bubble Boom: How to Profit from the Greatest Boom in History: 2006–2010.* New York: Free Press.

Dent, Harry S. Jr. 2008. *The Great Depression Ahead: How to Prosper in the Crash Following the Greatest Boom in History.* New York: Free Press.

Dent, Harry. 2013. "Survive and Prosper." Retrieved from http://survive-prosper.com/pages/latest-research/landing/google/N704-PPC-Winter-Dow-Today-3300-CN.php?code=X195N704.

参考文献

NYT Roubini Article, IMF Transcript. Economic Cycle Research Institute. Retrieved from https://www.businesscycle.com/ecri-news-events/news-details/nyt-roubini-article-imf-transcript.

Ellis, Charles D. 2012. "Murder on the Orient Express: The Mystery of Underperformance." *Financial Analysts Journal* 68 (4, July-August): 13–19.

Ferri, Rick. 2013. "Busting the Sell in May and Go Away Myth." *Forbes*, April 8. Retrieved from www.forbes.com/sites/rickferri/2013/04/08/busting-the-sell-in-may-and-go-away-myth/.

Fidelity Viewpoints. 2013. "Get Ready for the Next Market Crisis." Fidelity Investments. Retrieved from https://www.fidelity.com/viewpoints/investing-ideas/get-ready-for-the-next-crisis.

Fisher Investments. "How We're Different." Retrieved from www.fisherinvestments.com/en-us/about/fisher-difference.

Fisher, Ken. 2007. "The Fall 2007 Rally." *Forbes*, September 17. Retrieved from www.forbes.com/free_forbes/2007/0917/210.html.

Fisher, Ken. 2008. "We're Too Gloomy." *Forbes*, January 28.

Fox, Justin. 2014. "What Alan Greenspan Has Learned Since 2008." *The Harvard Business Review Blog Network*. Retrieved from http://blogs.hbr.org/2014/01/what-alan-greenspan-has-learned-since-2008/.

Grable, John E., and Sonya L. Britt. 2012. "Financial News and Client Stress: Understanding the Association from a Financial Planning Perspective." Kansas State University Financial Planning Research Center.

Graham, John R., and Campbell R. Harvey. 1994. "Market Timing Ability and Volatility Implied in Investment Newsletters' Asset Allocation Recommendations." Fuqua School of Business, Duke University.

"Ken Fisher profile," Gurufocus.com, . 2020. "Ken Fisher Profile." https://www.gurufocus.com/guru/ken+fisher/profile.

Haizlip, Julie, Natalie May, John Schorling, Anne Williams, and Margaret Plews-Ogan. 2012. "Perspective: The Negativity Bias, Medical Education, and the Culture of Academic Medicine: Why Culture Change Is Hard." *Academic Medicine* 87 (9, September): 1205–1209.

Hamlin, J. Kiley, Karen Wynn, and Paul Bloom. 2010. "Three-Month-Olds Show a Negativity Bias in Their Social Evaluations." *Developmental Science* 13 (6): 923–929.

Hartung, Adam. 2012. "Want a Better Economy? History Says Vote Democrat!" *Forbes*, October 10. Retrieved from www.forbes.com/sites/adamhartung/2012/10/10/want-a-better-economy-history-says-vote-democrat/.

如何规避投资五大陷阱

Heuer, Richard J. Jr. 1999. *Psychology of Intelligence Analysis.* Washington, DC: Center for the Study of Intelligence, Central Intelligence Agency.

Housel, Morgan. 2014. "The World's Smartest Investors Have Failed." *The Motley Fool.* Retrieved from www.fool.com/investing/general/2014/01/27/the-worlds-smartest-investors-have-failed.aspx.

Israelsen, Craig L. 2010. "What's in a Name?" *Financial Planning,* June 1.

"Here's what you likely have in common with Harvard's endowment managers," Mark Hulbert. Marketwatch.com. https://www.marketwatch.com/story/heres-what-you-likely-have-in-commonwith-harvards-endowment-managers-2019-10-08. Retrieved 10/4/2020.

Jeffrey, Robert H. 1984. "The Folly of Stock Market Timing." *Harvard Business Review* (July–August): 102–110.

Kahneman, Daniel, and Amos Tversky. 1984. "Choices, Values, and Frames." *The American Psychologist* 39 (4): 341–350.

Kahneman, Daniel, and Dan Lovallo. 1993. "Timid Choices and Bold Forecasts: A Cognitive Perspective on Risk Taking." *Management Science* 39 (1): 17–31.

Kahneman, Daniel, Jack L. Knetsch, and Richard H. Thaler. 1991. "Anomalies: The Endowment Effect, Loss Aversion, and Status Quo Bias." *Journal of Economic Perspectives* 5 (1): 193–206.

Kinniry, Francis M. Jr., Colleen M. Jaconetti, Michael A. DiJoseph, and Yan Zilbering. 2014. "Putting a Value on Your Value: Quantifying Vanguard Advisor's Alpha." The Vanguard Group, Inc. Retrieved from https://advisors.vanguard.com/iwe/pdf/ISGQVAA.pdf?cbdForceDomain=true.

Kopecki, Dawn, Clea Benson, and Phil Mattingly. 2012. "Dimon Says Over-confidence Fueled Loss He Can't Defend." *Bloomberg.* Retrieved from www.bloomberg.com/news/2012-06-14/dimon-says–overconfidencefueled-loss-he-can-t-defend.html.

Lauricella, Tom. 2005. "Yale Manager Blasts Industry; His Advice to Individuals: Choose Index Funds, ETFs Over Active Managers." *Wall Street Journal Online.* Retrieved from http://online.wsj.com/news/articles/SB112597100191832366.

Marano, Hara Estroff. 2004. "Marriage Math." Psychology Today, March 16. Retrieved from www.psychologytoday.com/articles/200403/marriage-math.

Marquet, Christopher T. 2011. "The Marquet Report on Ponzi Schemes." Marquet International, Ltd. Retrieved from www.marquetinternational.com/pdf/marquet_report_on_ponzi_schemes.pdf.

参考文献

McCall, Tommy. 2008. "Bulls, Bears, Donkeys and Elephants." *New York Times*, October 14. Retrieved from www.nytimes.com/interactive/2008/10/14/opinion/20081014_OPCHART.html?_r=0.

McElroy, Todd, and Keith Dowd. 2007. "Susceptibility to Anchoring Effects: How Openness-to-Experience Influences Responses to Anchoring Cues." *Judgment and Decision Making* 2 (1, February): 48–53.

Montier, James. 2006. *Behaving Badly*. London: Dresdner Kleinwort Wasserstein Securities.

Mulcahy, Diane, Bill Weeks, and Harold S. Bradley. 2012. "We Have Met the Enemy . . . and He Is Us: Lessons from Twenty Years of the Kauffman Foundation's Investments in Venture Capital Funds and the Triumph of Hope Over Experience." Ewing Marion Kauffman Foundation. Retrieved from www.kauffman.org/~/media/kauffman_org/research%20reports%20and%20covers/2012/05/we%20have%20met%20the%20enemy%20and%20he%20is%20us(1).pdf.

"S&P 500 P/E Ratio by Year," multpl.com. https://www.multpl.com/s-p-500-pe-ratio/table/by-year. Retrieved 10/4/2020.

"Fund Outflows in March Topped Outflows in October 2008," Bernice Napach, Thinkadvisor.com. https://www.thinkadvisor.com/2020/04/20/fund-outflows-in-march-topped-outflows-inoctober-2008/. Retrieved 10/4/2020.

The National Association of Personal Financial Planners. *Pursuit of a Financial Advisor: Field Guide*. Arlington Heights, IL: National Association of Personal Financial Planners. Retrieved from www.napfa.org/UserFiles/File/FinancialAdvisorFieldGuidev13.pdf.

Odean, Terrance. 1998. "Volume, Volatility, Price, and Profit When All Traders Are Above Average." *Journal of Finance* 53 (6): 1887–1934.

Park, Jae Hong, Prabhudev Konana, Bin Gu, Alok Kumar, and Rajagopal Raghunathan. 2010. "Confirmation Bias, Overconfidence, and Investment Performance: Evidence from Stock Message Boards." McCombs Research Paper Series No. IROM-07-10. Retrieved from http://ssrn.com/abstract=1639470.

Patel, Sital S. 2013. "Madoff: Don't Let Wall Street Scam You, Like I Did." *MarketWatch*. Retrieved from www.marketwatch.com/story/madoff-dont-let-wall-street-scam-you-like-i-did-2013-06-05?pagenumber=2.

如何规避投资五大陷阱

PBS's *Frontline*. 2013. "The Retirement Gamble." [JW Player video file.] Retrieved from www.pbs.org/wgbh/pages/frontline/retirement-gamble/.

Peter Schiff Predictions. Wall Street Economists Institute. Retrieved from http://economicpredictions.org/peter-schiff-predictions/index.htm.

Philips, Christopher B., Francis M. Kinniry, Jr., and Todd Schlanger. 2013. "The Case for Index-Fund Investing." The Vanguard Group, Inc. Retrieved from https://personal.vanguard.com/pdf/s296.pdf.

"Active fund managers trail the S&P 500 for the ninth year in a row in a triumph for indexing," Bob Pisani, CNBC.com. https://www.cnbc.com/2019/03/15/active-fund-managers-trail-the-sp-500-for-the-ninth-year-in-a-row-in-triumph-for-indexing.html.Retrieved 10/7/2020.

Plous, Scott. 1993. *The Psychology of Judgment and Decision Making*. New York: McGraw-Hill.

Ptak, Jeffrey. 2012. "In Practice: Tactical Funds Miss Their Chance." *Morningstar Advisor*. Retrieved from http://advisors.morningstar.com/advisor/t/51504278/in-practice-tactical-funds-miss-their-chance.htm?&q=tactical&single=true.

Riepe, Mark W. 2013. "Does Market Timing Work?" Charles Schwab. Retrieved from www.schwab.com/public/schwab/nn/articles/Does-Market-Timing-Work.

Roth, Allan. 2012. "Second Dent Investment Fund to Disappear." *CBS Money Watch*. Retrieved from www.cbsnews.com/news/second-dent-investment-fund-to-disappear/.

"Endowment Returns Solid in 2019", Rick Seltzer. Insidehighered.com. https://www.insidehighered.com/news/2020/01/30/endowment-returns-10-year-average-rises-leaders-see-cloudshorizon. Retrieved 10/7/2020.

Sharpe, William F. 1975. "Likely Gains from Market Timing." *Financial Analysts Journal* 31 (2): 60–69.

Shtekhman, Anatoly, Christos Tasopoulos, and Brian Wimmer. 2012. "Dollar-Cost Averaging Just Means Taking Risk Later." The Vanguard Group, Inc. Retrieved from https://institutional.vanguard.com/iam/pdf/ICRDCA.pdf?cbdForceDomain=true.

Slovic, Paul. 1973. "Behavioral Problems of Adhering to a Decision Policy." Paper presented at the Institute for Quantitative Research in Finance, May 1, Napa, California.

参考文献

Snider, Kim. 2014. "The Great Market Timing Lie." Snider Advisors. Retrieved from https://www.snideradvisors.com/KimSnider/Web/FreeStuff/Market-Timing.aspx.

S&P Dow Jones Indices, LLC. 2014. "S&P Dow Jones Indices." McGraw Hill Financial. Retrieved from www.djindexes.com/.

Sullivan, Todd. 2008. "Being Wrong for Five Years Makes Peter Schiff Right Now?" Seeking Alpha. Retrieved from http://seekingalpha.com/article/106824-being-wrong-for-five-years-makes-peter-schiff-right-now.

Sumner, Mark. 2008. "Whither Goest Thou, Stock Market?" Kos Media, LLC. Retrievedfromwww.dailykos.com/story/2008/12/02/668445/-Whither-Goest-Thou-Stock-Market#.

Svenson, Ola. 1981. "Are We All Less Risky and More Skillful Than Our Fellow Drivers?" *Acta Psychologica* 47 (2): 143–148.

Taleb, Nassim Nicholas. 2007. *The Black Swan*. New York: Random House.

Tottenham, Nim, Jessica Phuong, Jessica Flannery, Laurel Gabard-Durnam, and Bonnie Goff. 2013. "A Negativity Bias for Ambiguous Facial-Expression Valence during Childhood: Converging Evidence from Behavior and Facial Corrugator Muscle Responses." *Emotion* 13 (1): 92–103.

Van Eaton, R. Douglas. 2000. "The Psychology Behind Common Investor Mistakes." *American Association of Individual Investors Journal* 22 (April): 2–5.

The Vanguard Group, Inc. 2013a. "Tax Efficiency: A Decisive Advantage for Index Funds." Retrieved from https://advisors.vanguard.com/VGApp/iip/site/advisor/researchcommentary/article/IWE_InvComTaxEfficiency.

The Vanguard Group, Inc. 2013b. "Vanguard's Principles for Investing Success." Retrieved from https://personal.vanguard.com/pdf/s700.pdf.

"Vanguard's Principles for Investing Success," The Vanguard Group, Inc. Vanguard.com, https://about.vanguard.com/what-sets-vanguard-apart/principles-for-investingsuccess/ ISGPRINC_062020_Online.pdf, Page 10. Retrieved 10/4/2020.

Vardi, Nathan. 2012. "Billionaire John Paulson's Hedge Fund: Too Big to Manage." *Forbes*, December 21.

Voigt, Kevin. 2011. "October: The Scariest Month for Stocks?" CNN. Retrieved from http://business.blogs.cnn.com/2011/10/04/october-the-scariest-month-for-stocks/.

Wagenaar, Willem, and Gideon B. Keren. 1986. "Does the Expert Know? The Reliability of Predictions and Confidence Ratings of Experts." In *Intelligent Decision Support in Process Environments*, edited by Erik Hollnagel, Giuseppe Mancini, and David D. Woods, 87–103. Berlin: Springer.

Waggoner, John. 2005. "Top-Selling Funds of 2000 in Deep Red." *USA Today*, April 5.

Wallick, Daniel W., Brian R. Wimmer, and Todd Schlanger. 2012. "Assessing Endowment Performance: The Enduring Role of Low-Cost Investing." The Vanguard Group, Inc. Retrieved from https://institutional vanguard.com/iam/pdf/ICR25P.pdf?cbdForceDomain=true.

Wansink, Brian, Robert J. Kent, and Stephen J. Hoch. 1998. "An Anchoring and Adjustment Model of Purchase Quantity Decisions." *Journal of Marketing Research* 35 (February): 71–81.

Weber, Tim. 2011. "Davos 2011: Why Do Economists Get It So Wrong?" BBC. Retrieved from www.bbc.co.uk/news/business-12294332.

Willoughby, Jack. 2010. "Lifting Beyond Their Weight Class." *Barron's*, July 10.

Wimmer, Brian R., Sandeep S. Chhabra, and Daniel W. Wallick. 2013. "The Bumpy Road to Outperformance." The Vanguard Group, Inc. Retrieved from https://institutional.vanguard.com/iam/pdf/outper-formance_research_paper.pdf?cbdForceDomain=true.

Nouriel Roubini Predictions. Wall Street Economists Institute. Retrieved from http://economicpredictions.org/nouriel-roubini-predictions.index.htm

"Listed domestic companies, total – United States," The World Bank, https://data.worldbank.org/indicator/CM.MKT.LDOM. NO?locations=US. Retrieved 10/7/2020.

Young, David. 2007. "To Succeed, Keep It Simple." *Investment Advisor*, February 1.

Zacharakis, Andrew, and Dean Shepherd. 2001. "The Nature of Information and Overconfidence on Venture Capitalists' Decision Making." *Journal of Business Venturing*, 16 (4): 311–332.

Zelizer, Viviana A. 1994. *The Social Meaning of Money: Pin Money, Paychecks, Poor Relief, and Other Currencies*. New York: Basic Books.

参考文献